SPANISH

140 SPEED TESTS TO BOOST YOUR FLUENCY

60-Second Grammar Workouts

PASSPORT BOOKS

NTC/Contemporary Publishing Group

Other titles in the *60-Second Workout* series
Spanish Vocabulary
French Grammar
French Vocabulary

This edition first published 2001 by Passport Books
A division of NTC/Contemporary Publishing Group, Inc.
4255 West Touhy Avenue, Lincolnwood (Chicago), IL 60712-1975 U.S.A.
Printed in Canada
International Standard Book Number: 0-658-00429-8
Library of Congress Catalog Card Number: 00-135373

01 02 03 04 05 06 TCP 15 14 13 12 11 10 9 8 7 6 5 4 3 2 1

Introduction

60-Second Spanish Grammar Workouts is designed to enable you to test and improve your knowledge of Spanish grammar both quickly and conveniently.

These 140 short exercises, with their clear and compact design, make this book the ideal personal trainer for your spare moments—whether you're on the bus or train, waiting at a bus stop or train station, taking a midmorning break, or relaxing at home.

Containing more than 2,000 questions, it provides a thorough examination of all the most important rules and exceptions of Spanish grammar.

Simply equip yourself with a pen or pencil and write your responses in the book. Pit yourself against the clock, and you'll be honing your response time and improving your fluency in the language. The correct answers can be quickly checked on the facing page in the gray panel.

So, what are you waiting for? The stopwatch is running!

Contents

Nouns and Articles   **Workouts 1–6**
Pronouns   **Workouts 7–25**
Adjectives, Adverbs   **Workouts 26–31**
Infinitive Constructions, Verbal Phrases   **Workouts 32–38**
Gerunds, Verbal Phrases   **Workouts 39–42**
Past Participles, Verbal Phrases   **Workouts 43–48**
Ser, Estar   **Workouts 49–51**
Imperatives   **Workouts 52–61**
Past Tenses   **Workouts 62–71**
Future Tenses   **Workouts 72–75**
Conditional Tenses   **Workouts 76–78**
Compound Forms   **Workouts 79–83**
Negatives   **Workouts 84–87**
Passive Constructions   **Workouts 88–93**
Prepositions   **Workouts 94–106**
Conjunctions and Moods   **Workouts 107–132**
Indirect Speech   **Workouts 133–140**

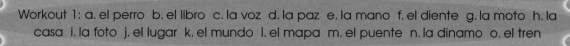

1. ¡EL SUSTANTIVO! Can you select the correct gender of each noun?

a, el perro	la perro	the dog
b, el libro	la libro	the book
c, el voz	la voz	the voice
d, el paz	la paz	the peace
e, el mano	la mano	the hand
f, el diente	la diente	the tooth
g, el moto	la moto	the motorbike
h, el casa	la casa	the house
i, el foto	la foto	the photograph
j, el lugar	la lugar	the place
k, el mundo	la mundo	the world
l, el mapa	la mapa	the map
m, el puente	la puente	the bridge
n, el dinamo	la dinamo	the dynamo
o, el tren	la tren	the train

2. ¡EL SUSTANTIVO! Choose the correct gender of the noun.

a. the money _____   el/la dinero

b. the barrel _____   el/la barril

c. the heart _____   el/la corazón

d. the salt _____   el/la sal

e. the signal _____   el/la señal

f. the wood _____   el/la madera

g. the home _____   el/la hogar

h. the hormone _____   el/la hormona

i. the horoscope _____   el/la horóscopo

j. the hospital _____   el/la hospital

k. the end _____   el/la fin

l. the festival _____   el/la festín

m. the bread _____   el/la pan

n. the baggage _____   el/la equipaje

o. the eye _____   el/la ojo

Workout 3: a. el alma, feminine b. el idioma, masculine c. el mes, masculine d. el clima, masculine
e. la foto, feminine f. la noción, feminine g. el avión, masculine h. el planeta, masculine
i. el alba, feminine j. el papel, masculine k. la juventud, feminine l. el mensaje, masculine
m. la mano, feminine n. el sistema, masculine o. el lunes, masculine

3. ¡EL SUSTANTIVO! Circle the correct noun and write its gender.

a. the soul	el alma	la alma	
b. the language	el idioma	la idioma	
c. the month	el mes	la mes	
d. the climate	el clima	la clima	
e. the photo	el foto	la foto	
f. the notion	el noción	la noción	
g. the plane	el avión	la avión	
h. the planet	el planeta	la planeta	
i. the dawn	el alba	la alba	
j. the paper	el papel	la papel	
k. youth	el juventud	la juventud	
l. the message	el mensaje	la mensaje	
m. the hand	el mano	la mano	
n. the system	el sistema	la sistema	
o. Monday	el lunes	la lunes	

4. ¡EL ARTÍCULO! Insert, where appropriate, the correct article.

a. Su cuarta obra ganó un premio en _ _ _ _ _ _ Estados Unidos.

b. Mis amigos salen de _ _ _ _ _ _ vacaciones.

c. Se marchó de _ _ _ _ casa muy joven dispuesta a ganarse _ _ _ _ vida.

d. Enrique habla perfectamente _ _ _ _ _ _ portugués.

e. Ahora deseo ver _ _ _ _ _ _ tele.

f. Las cigüeñas vuelven a España en _ _ _ _ _ _ primavera.

g. Tenemos que escribir la carta a _ _ _ _ _ _ _ máquina.

h. Mi esposa quiere viajar en _ _ _ _ _ _ primera clase.

i. Ramón perdió _ _ _ _ _ _ llaves.

j. Hoy tengo que dar _ _ _ _ _ _ enhorabuena a mi mujer.

k. En _ _ _ _ _ _ mayo tengo mis vacaciones.

l. Angélica quiere aprender _ _ _ _ _ _ español.

m. Ahora necesito _ _ _ _ _ _ agua fría.

n. En _ _ _ _ _ _ caso de necesidad tengo tu número de teléfono.

o. ¿Te encanta viajar en _ _ _ _ _ _ coche?

Workout 5: a. el b. lo, lo c. el d. el e. lo f. al g. el h. lo i. el j. el k. el
l. lo, lo m. el n. el o. lo

5. ¿EL O LO? Circle the correct article.

a. **El/lo** trabajo de enfermera era agotador y poco lucrativo.

b. **El/lo** viejo enfada y **el/lo** nuevo agrada.

c. Tuvo que regresar al hogar familiar con **el/lo** orgullo entre las piernas.

d. Leía mucho, amaba **el/lo** estudio y desde muy joven quiso ser escritora.

e. **El/lo** que se piensa cuerdo, se ejecuta borracho.

f. Aunque al final Mary logró estudiar gracias **al/a lo** apoyo de una tía.

g. Todo parece indicar que **el/lo** cuento de la papisa Juana es justamente eso.

h. O, por **el/lo** menos, no volvieron a separarse sentimentalmente.

i. **El/lo** Atlético de Madrid tiene treinta puntos.

j. Me he sentido muy cómodo en **el/lo** campo.

k. Francisco dijo que **el/lo** equipo había jugado un gran baloncesto.

l. **El/lo** bueno cansa y **el/lo** malo daña.

m. **El/lo** resultado lo dice todo.

n. Limpiar **el/lo** pescado, secarlo, sazonarlo por dentro y por fuera.

o. **El/lo** convenido debe ser cumplido.

6. ¿UN, UNOS O UNA, UNAS? Select the correct translation.

a. _I bought myself several books._

1. ○ Me compré unas libros.
2. ○ Me compré un libro.
3. ○ Me compré unos libros.

b. _Enrique reads a newspaper._

1. ○ Enrique lee un periódico.
2. ○ Enrique lee una periódico.
3. ○ Enrique lee unos periódico.

c. _Guillermo has bought a magazine._

1. ○ Guillermo ha comprado unas revistas.
2. ○ Guillermo ha comprado una revista.
3. ○ Guillermo ha comprado un revista.

d. _Jorge is looking for a room._

1. ○ Jorge busca un habitación.
2. ○ Jorge busca uno habitación.
3. ○ Jorge busca una habitación.

e. _Jaime is a diligent student._

1. ○ Jaime es una alumna aplicada.
2. ○ Jaime es un alumno aplicado.
3. ○ Jaime es uno alumno aplicado.

f. _Some houses have a garage._

1. ○ Unas casas tienen garaje.
2. ○ Una casa tiene garaje.
3. ○ Unos casas tienen garaje.

Workout 7: a. éste b. Esta c. Esta d. ese e. Aquella f. Este g. éste, aquél
h. Aquél i. ese j. Ése k. Ésa l. Ésa m. ésta n. Éste o. ese

7. PRONOMBRES O ADJETIVOS DEMOSTRATIVOS Insert the correct translation.

a. Una mujer, si un hombre empieza a piropearla piensa: qué querrá _ _ _ _ _.   **this one**

b. _ _ _ _ _ _ maleta es mía.   **this (here)**

c. _ _ _ _ _ _ _ plaza es la Plaza Mayor.   **this (here)**

d. ¿Cómo se llama _ _ _ _ _ _ _ café donde estuvimos ayer?   **that**

e. _ _ _ _ _ _ _ película se rodó en nuestra ciudad.   **that (distant)**

f. _ _ _ _ _ _ _ libro es muy útil.   **this (here)**

g. ¿Cuál vino prefiere, _ _ _ _ _ _ o _ _ _ _ _ _ ?   **this-that (far)**

h. _ _ _ _ _ _ _ fue el día más feliz de su vida.   **that (distant)**

i. Me compraré _ _ _ _ _ _ _ coche la próxima semana.   **that**

j. _ _ _ _ _ _ es el coche que me compraré.   **that one**

k. _ _ _ _ _ _ _ es la mujer de mi amigo.   **that one**

l. _ _ _ _ _ _ _ casa debe de costar millones de pesos.   **that**

m. Me gustan todas las sopas pero _ _ _ _ _ _ _ especialmente.   **this one**

n. _ _ _ _ _ _ _ me cae muy mal.   **this one**

o. ¿Quién es _ _ _ _ _ _ _ chico? No lo conozco.   **that**

8. ¡PONER EN ORDEN! Put these sentences and phrases in the correct order.

a. interesa lo es que me

b. tres las de eso a

c. de soy esos no

d. aquel entonces por

e. ¿eso es qué?

f. verdad eso es

g. ¿eso no es?

Workout 8: a. Es lo que me interesa. b. a eso de las tres c. No soy de esos.
d. por aquel entonces e. ¿Qué es eso? f. Eso es verdad. g. ¿No es eso?

9. FORMAS ÁTONAS Where is the correct position for the object pronoun?

a. I will see him tomorrow.

1. ◯ Verélo mañana.
2. ◯ Lo veré mañana.
3. ◯ Mañana veré lo.

b. They gave you candy.

1. ◯ Te regalaron bombones.
2. ◯ Regalaron te bombones.
3. ◯ Regalaronte bombones.

c. I haven't called them.

1. ◯ Yo he llamado no les.
2. ◯ Yo no he llamado les.
3. ◯ Yo no les he llamado.

d. He sent you the invitation.

1. ◯ Envióos la invitación.
2. ◯ Os envió la invitación.
3. ◯ La invitación envió os.

e. I know her.

1. ◯ La conozco.
2. ◯ Conozco la.
3. ◯ Conozcola.

f. Don't give them the invitation.

1. ◯ Des la invitación a ellas no les.
2. ◯ No des a ellas la invitación les.
3. ◯ No les des la invitación a ellas.

10. ¿PRONOMBRE O ADJETIVO POSESIVO? Insert the correct Spanish word.

a. **Her** family is here, but **mine** is not.

   _ _ _ _ _ _ _ familia está aquí, pero la _ _ _ _ _ _ _ no.

b. Eduardo calls the employees by **their** number.

   Eduardo llama a los empleados por _ _ _ _ _ _ _ número.

c. You spent **your** savings on a car?

   ¿Gastaste _ _ _ _ _ _ _ ahorros en un coche?

d. **Your** car is not ready.

   El coche _ _ _ _ _ _ _ no está preparado.

e. Sir, is that dog **yours**? No, it's not **mine**.

   Señor, ¿es _ _ _ _ _ _ _ ese perro? —No, no es _ _ _ _ _ _ _ .

f. Ma'am, is that purse **yours**? Yes, it's **mine**.

   Señora, ¿es _ _ _ _ _ _ _ esa bolsa? —Sí, es _ _ _ _ _ _ _ .

g. Which TV set shall we sell? **Yours** or **mine**?

   ¿Qué televisor vendemos? ¿El _ _ _ _ _ _ o el _ _ _ _ _ _ ?

h. Relatives! It's enviable to see how well you get along with **yours**.

   ¡Parientes! Es envidiable ver lo bien que te llevas con los _ _ _ _ _ _ _ .

Workout 11: a. 3 b. 2 c. 1 d. 3 e. 2 f. 1

11. FORMAS ÁTONAS Which is the correct position for the object pronoun?

a, *He told it to us yesterday.*

1. ⌣ *Nos contó lo ayer.*
2. ⌣ *Ayer lo contó nos.*
3. ⌣ *Nos lo contó ayer.*

b, *The teacher explained it to me.*

1. ⌣ *El profesor lo explicó me.*
2. ⌣ *El profesor me lo explicó.*
3. ⌣ *El profesor me explicó lo.*

c, *I don't recommend it to you.*

1. ⌣ *No os lo aconsejo.*
2. ⌣ *No lo os aconsejo.*
3. ⌣ *Os aconsejo no lo.*

d, *He doesn't want to tell it to me.*

1. ⌣ *No me quiere decir lo.*
2. ⌣ *No lo quiere decir me.*
3. ⌣ *No quiere decírmelo.*

e, *He didn't make me tell it twice.*

1. ⌣ *No me hizo decir lo dos veces.*
2. ⌣ *No me lo hizo decir dos veces.*
3. ⌣ *No hizo decírmelo dos veces.*

f, *You must send them to us.*

1. ⌣ *Tienes que enviárnoslos.*
2. ⌣ *Nos tienes que enviárlos.*
3. ⌣ *Nos tienes los que enviar.*

12. FORMAS TÓNICAS Insert the appropriate personal pronoun.

a. A (Juan) _ _ _ _ _ le gusta la comida mexicana.

b. A (los niños) _ _ _ _ _ les gusta la comida española.

c. A (Ana) _ _ _ _ _ la veo en la clase.

d. (Raúl) _ _ _ _ _ es de Madrid.

e. (Sandra) _ _ _ _ _ es de Santiago de Compostela.

f. (Paco y yo) _ _ _ _ _ estudiamos francés.

g. (José y Ramón) _ _ _ _ _ no vienen solos.

h. Tampoco (María y Dolores) _ _ _ _ _ vienen solas.

i. (Miguel) _ _ _ _ _ no respondió a mi pregunta.

j. A (Federico y a ti) _ _ _ _ _ os veo en la discoteca.

k. A (los niños y a mí) _ _ _ _ _ nos gusta el desayuno.

l. (Cristina, Teresa y tú) _ _ _ _ _ lo han dicho antes.

m. ¡Pero a (Carmen) _ _ _ _ _ francamente no la puedo ver!

n. Yo, a _ _ _ _ _ me encanta la cerveza.

o. Si ves a Felipe y Ana, dile a (Felipe) _ _ _ _ _ que le espero en la oficina.

Workout 13: a. Me la regalaron el día de mi cumpleaños. b. ¿Me has enviado ya el libro?
c. Me dejó ver su nueva casa. d. No les des la invitación a ellas. e. La conciencia nos hizo regresar.
f. Escuchándolo de nuevo, me di cuenta del error. g. Tengo que darte una mala noticia hoy.

Workout 12: a. él b. ellos c. ella d. Él e. Élla f. Nosotros g. Éllos h. ellas i. Él
j. vosotros k. nosotros l. U stedes m. ella n. mí o. él

13. PONER EN ORDEN Reorder these sentences correctly.

a. regalaron el día me de la cumpleaños mi

b. ¿enviado ya has libro me el

c. casa dejó nueva ver me su

d. invitación les a ellas no la des

e. hizo conciencia regresar la nos

f. error cuenta nuevo del me di de escuchándolo

g. darte hoy mala que una tengo noticia

14. PRONOMBRES RELATIVOS Write in the relative pronoun.

a. Los jugadores _ _ _ _ _ _ estaban cansados se retiraron del partido.

b. Las flores _ _ _ _ _ _ habían plantado en el jardín se han secado.

c. El presidente, _ _ _ _ _ _ ha sido elegido esta mañana, ha pronunciado un discurso.

d. Este libro, _ _ _ _ _ _ está un poco viejo, es muy interesante.

e. El libro _ _ _ _ _ _ me regalaste me ha gustado mucho.

f. Subimos a una torre desde _ _ _ _ _ _ se veía la ciudad.

g. Las chicas con _ _ _ _ _ _ salimos son amigas de mi hermana.

h. Estuvimos con unas amigas, _ _ _ _ _ _ nos enseñaron la ciudad.

i. El chico de _ _ _ _ _ _ me hablaste se fue esta mañana.

j. Éste es el avión _ _ _ _ _ _ nos llevará a Nueva York.

k. El hombre de _ _ _ _ _ _ me estás hablando es también profesor mío.

l. La señora a _ _ _ _ _ _ acabo de saludar es de Salamanca.

m. El dinero _ _ _ _ _ _ había ganado se lo gastó en regalos.

n. Tomé un taxi de _ _ _ _ _ _ acababa de bajarse un pasajero.

o. Estos son mis amigos con _ _ _ _ _ _ juego al fútbol los domingos.

Workout 15: a. que b. desde la que c. que d. que e. que f. que g. que

Workout 14: a. que b. que c. que/quien/el cual d. que/el cual e. que f. la que
g. las que/quienes/las cuales h. quienes/que i. que/del que/de quien/del cual j. que
k. que/del que l. la que m. que n. que/del que o. los que/quienes/los cuales

15. ORACIONES DE RELATIVO Create a relative clause.

a. *Ayer leí un periódico. Ese periódico sólo traía noticias trágicas.*
   Ayer leí un periódico _ _ _ sólo traía noticias trágicas.

b. *Me senté al lado de la ventana. Desde la ventana se veía la calle.*
   Me senté al lado de la ventana _ _ _ se veía la calle.

c. *Me han regalado un reloj. El reloj no funciona.*
   El reloj _ _ _ me han regalado no funciona.

d. *Me había matriculado en un curso de inglés. El curso de inglés lo han suspendido.*
   Me había matriculado en un curso de inglés _ _ _ han suspendido.

e. *Los señores están en el despacho. Los señores son alemanes.*
   Los señores _ _ _ están en el despacho son alemanes.

f. *Mi hija está buscando trabajo. Mi hija ha terminado la carrera este año.*
   Mi hija, _ _ _ ha terminado la carrera este año, está buscando trabajo.

g. *Ese chico es mi vecino. Ese chico tiene un coche impresionante.*
   Ese chico _ _ _ tiene un coche impresionante es mi vecino.

16. ¿QUIEN, QUE, DONDE? Choose the sentence with the correct relative pronoun.

a. This is Raúl who has won.
1. ○ Éste es Raúl que ha ganado.
2. ○ Éste es Raúl a quien ha ganado.
3. ○ Éste es Raúl donde ha ganado.

b. It is José whom I have seen.
1. ○ Es José que he visto.
2. ○ Es José donde he visto.
3. ○ Es José a quien he visto.

c. It is the town where he lives.
1. ○ Es el pueblo quien vive.
2. ○ Es el pueblo donde vive.
3. ○ Es el pueblo que vive.

d. It is Juan, about whom I've told you.
1. ○ Es Juan de quien te hablé.
2. ○ Es Juan de donde te hablé.
3. ○ Es Juan de que te hablé.

e. It is her car that is coming here.
1. ○ Es su coche donde viene ahí.
2. ○ Es su coche quien viene ahí.
3. ○ Es su coche que viene ahí.

f. I was where I always am.
1. ○ Estuve de que estoy siempre.
2. ○ Estuve donde estoy siempre.
3. ○ Estuve de quien es siempre.

Workout 17: a. quien/la cual b. el cual/el que c. la cual/la que d. quien/el cual
e. los que/quienes f. que g. lo que h. donde

17. ORACIONES DE RELATIVO Insert the correct relative pronoun.

a. The woman whom I adore is at my side.

La mujer a _ _ _ _ _ _ _ adoro está a mi lado.

b. The exam, for which I studied, turned out to be very easy.

El examen, para _ _ _ _ _ _ _ estudié, resultó muy fácil.

c. They have a house on the coast, in which they spend holidays.

Tienen una casa en la costa, en _ _ _ _ _ _ _ pasan los días de fiesta.

d. Juan is a man whom I would marry.

Juan es un hombre con _ _ _ _ _ _ _ yo me casaría.

e. They are the ones who protested the new tax.

Son ellos _ _ _ _ _ _ _ protestaron el nuevo impuesto.

f. We visited the enchanting city that is Medellín.

Visitamos la ciudad encantadora _ _ _ _ _ _ _ es Medellín.

g. We don't know to what it refers.

No sabemos a _ _ _ _ _ _ _ se refiere.

h. Guanajuato is the city where I was born.

Guanajuato es la ciudad _ _ _ _ _ _ _ yo nací.

18. ORACIONES DE RELATIVO What is the missing relative pronoun?

a. This is the driving school where I learned to drive.

   Ésta es la autoescuela _ _ _ _ _ _ _ aprendí a conducir.

b. Guardiola took as many driving lessons as he could pay for.

   Guardiola hizo tantas clases de conducir _ _ _ _ _ _ _ pudo pagar.

c. Do you know the man whose car is always broken down?

   ¿Conoces al hombre _ _ _ _ _ _ _ coche siempre está descompuesto?

d. Do you know the woman who did not pass the driving test?

   ¿Conoces a la mujer _ _ _ _ _ no aprobó el examen de conducir?

e. The woman has three sons, each one of which is a professor.

   La mujer tiene tres hijos, cada uno de _ _ _ _ _ _ _ es profesor.

f. The driving instructor congratulated all those who had passed the exam.

   El profesor de conducción dio la enhorabuena a _ _ _ _ han aprobado el examen.

g. Whoever eats well, works well.

   _ _ _ _ _ _ _ bien come, bien trabaja.

h. What's the name of the woman who just finished her driving class?

   ¿Cómo se llama la señora _ _ _ _ acaba de terminar su clase de conducir?

Workout 19: a. ¡Que lo pases bien! b. Pepe las sabe todas. c. ¡No la tomes con él!
d. Vas a vértelas conmigo. e. Se las echa de poeta. f. Tu padre se las da de listo.
g. Se las cantaré claras.

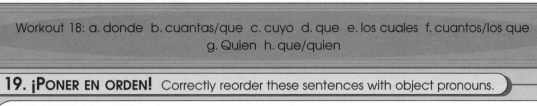

19. ¡PONER EN ORDEN! Correctly reorder these sentences with object pronouns.

a. pases | lo | que | bien

b. las | Pepe | todas | sabe

c. con | él | tomes | la | no

d. conmigo | vértelas | a | vas

e. las | poeta | se | de | echa

f. de | listo | padre | las | da | se | tu

g. claras | cantaré | se | las

20. Usos de "se" Use the reflexive se.

a. A Juan (caerse) _ _ _ _ _ _ _ _ las cosas de las manos. (present)

b. A vosotros (ocurrirse) _ _ _ _ _ _ _ _ antes muchas ideas buenas. (imperfect)

c. A mí (salirse) _ _ _ _ _ _ _ _ los ojos del asombro. (imperfect)

d. A ti no (escaparse) _ _ _ _ _ _ _ _ ni una. (present)

e. A nosotros (irse) _ _ _ _ _ _ _ _ los mejores años de nuestra vida. (present perfect)

f. A mí (venirse) _ _ _ _ _ _ _ _ a la memoria todo lo que pasó. (present)

g. A ellos (morirse) _ _ _ _ _ _ _ _ las ilusiones. (present perfect)

h. A ellos (dormirse) _ _ _ _ _ _ _ _ la pasión. (future)

i. A mí (apresurarse) _ _ _ _ _ _ _ _ el pulso al verla. (present)

j. A nosotros (averiarse) _ _ _ _ _ _ _ _ el coche. (present perfect)

k. A mí (cerrarse) _ _ _ _ _ _ _ _ los ojos. (present)

l. Al verlos creí que a mí (pararse) _ _ _ _ _ _ _ _ el corazón. (imperfect)

m. A él (producirse) _ _ _ _ _ _ una hemorragia al día siguiente de la operación. (preterite)

n. Aquí a ustedes (calentarse) _ _ _ _ _ _ _ _ los pies. (future)

o. A él (agolparse) _ _ _ _ _ _ _ _ la sangre en las mejillas. (preterite)

Workout 21: a. se mejorará b. se abrillanta c. se cura d. se mecen e. se suben f. se te olvidará g. se alegra h. se ha envejecido i. se ha encorvado j. se enfermará k. Se os cansaréis l. se ha enflaquecido m. Se debilitarán n. se te secará o. se nos apagarán

21. USOS DE "SE" Use the reflexive se.

a. El aire libre mejorará tu salud. ———→ Tu salud _ _ _ _ _ _ con el aire libre.

b. Este producto abrillanta el pelo. ———→ El pelo _ _ _ _ _ _ con este producto.

c. Estas inyecciones no curan nada. ———→ Nada _ _ _ _ _ _ con estas inyecciones.

d. El viento mece los árboles. ———→ Los árboles _ _ _ _ _ _ con el viento.

e. La inflación sube los precios. ———→ Los precios _ _ _ _ _ _ con la inflación.

f. Olvidarás toda precaución. ———→ Toda precaución _ _ _ _ _ _ .

g. Las comodidades alegran la vida. ———→ La vida _ _ _ _ _ con las comodidades.

h. El tiempo ha envejecido a mi padre. —→ Mi padre _ _ _ _ _ _ _ con el tiempo.

i. Los años han encorvado a tu abuelo. —→ Tu abuelo _ _ _ _ _ _ con los años.

j. Esa vida sedentaria enfermará a Juan.→ Juan _ _ _ _ con esa vida sedentaria.

k. Tanto esfuerzo os cansará. ———→ _ _ _ _ _ _ con tanto esfuerzo.

l. La gimnasia ha enflaquecido a Carlos.→ Carlos _ _ _ _ _ _ con la gimnasia.

m. El abuso de pastillas los debilitará. ———→ _ _ _ _ _ _ con el abuso de pastillas.

n. El sol te secará la piel. ———→ La piel _ _ _ _ _ _ con el sol.

o. La edad nos apagará los ojos. ———→ Los ojos _ _ _ _ _ _ con la edad.

22. ¿LOS INDEFINIDOS? Translate and insert the correct indefinite pronoun.

a. ¿Quieres _ _ _ _ _ _ _ _ de comer?

b. _ _ _ _ _ _ _ _ es inútil.

c. ¿Ha llamado _ _ _ _ _ _ _ _ ?

d. _ _ _ _ _ _ _ _ lo sabe.

e. Lo puede hacer _ _ _ _ _ _ _ _ .

f. _ _ _ _ _ _ _ _ quieren ser ricos.

g. _ _ _ _ _ _ _ _ hablan español.

h. No entiendo _ _ _ _ _ _ _ _ de lo que dicen.

i. _ _ _ _ _ _ _ _ saben bailar como Carmen.

j. _ _ _ _ _ _ _ _ de mis amigos podrán venir.

k. Que lo haga _ _ _ _ _ _ _ _ .

l. Mi hermana come _ _ _ _ _ _ _ _ .

m. Por lo _ _ _ _ _ _ _ _ estoy contento.

n. _ _ _ _ _ _ _ _ es hermoso en este paisaje.

o. Tenemos muchos sellos; _ _ _ _ _ _ _ _ son de colores.

- something
- nothing
- anyone
- no one
- whoever
- all
- many
- much
- few
- few
- another
- too much
- the rest
- everything
- some

Workout 23: a. 1 b. 3 c. 2 d. 1 e. 3 f. 2

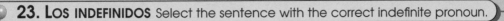

Workout 22: a. algo b. Nada c. alguien d. Nadie e. cualquiera f. Todos
g. Muchos h. mucho i. Pocas j. Pocos k. otro l. demasiado m. demás n. Todo
o. algunos

23. LOS INDEFINIDOS Select the sentence with the correct indefinite pronoun.

a. *Anyone can do that.*

1. ⚪ Lo puede hacer cualquiera.
2. ⚪ Lo puede hacer alguien.
3. ⚪ Lo puede hacer alguno.

b. *You haven't eaten anything.*

1. ⚪ No has comido nadie.
2. ⚪ No has comido algo.
3. ⚪ No has comido nada.

c. *Each one has a lot to do.*

1. ⚪ Cualquiera tiene mucho que hacer.
2. ⚪ Cada cual tiene mucho que hacer.
3. ⚪ Alguien tiene mucho que hacer.

d. *Each one of those houses is rotten.*

1. ⚪ Cada una de esas casas está podrida.
2. ⚪ Algo de esas casas está podrido.
3. ⚪ Todas las casas están podridas.

e. *Someone must tell this to Jorge.*

1. ⚪ Cada uno tiene que decirlo a Jorge.
2. ⚪ Algo tiene que decirlo a Jorge.
3. ⚪ Alguien tiene que decirlo a Jorge.

f. *Such are the arguments.*

1. ⚪ Tantos son los argumentos.
2. ⚪ Tales son los argumentos.
3. ⚪ Todos son los argumentos.

24. LOS INDEFINIDOS What is the equivalent Spanish indefinite pronoun?

a. _Few_ can sing like Pia and Dolores. ---->

b. _Some_ arrive and others go away. ---->

c. _Too many_ turned up for the interview. ---->

d. She is _another_ of his sisters. ---->

e. He is a man who knows _a little_ about _everything_. ---->

f. She was known as _such a one_. ---->

g. He served _some_ wine, but very little. ---->

h. I have read _nothing_ by that author. ---->

i. _Someone_ told me that you were not at home. ---->

j. You can do absolutely _nothing_. ---->

k. I know _someone_ who can help you. ---->

l. I am going away without having seen _anyone_. ---->

m. Wearing that suit, you seem to be _someone_ important. ---->

n. _No one_ knows it. ---->

o. She can make _something_ out of _nothing_. ---->

Workout 25: a. nadie b. Ninguno c. unos/algunos d. ninguna e. todo f. nadie
g. algunos h. nada i. algunas/varias j. algunos k. nada l. demasiado
m. cada uno n. nada o. los demás

Workout 24: a. Pocas b. Unos c. Demasiados d. otra e. un poco, todo
f. tal g. algo h. nada i. Alguien j. nada k. alguien l. nadie
m. alguien n. Nadie o. algo, nada

25. LOS INDEFINIDOS What is the corresponding Spanish indefinite pronoun?

a. Does <u>no one</u> know what I have endured? ------------→

b. <u>None</u> of our friends can come. -------------------------→

c. Only <u>some</u> have visited us in Guadalajara. ----------→

d. I have liked <u>none</u> of the houses you showed me. ----→

e. Eladio knows <u>all</u> there is to know about cars. --------→

f. She knew him better than almost <u>anyone</u>. -----------→

g. Of all the candidates, only <u>some</u> were qualified. ----→

h. I have <u>nothing</u> of interest for you. -----------------------→

i. When it comes to excuses, I've made <u>several</u>. --------→

j. It is difficult for <u>some</u> to be honest. --------------------→

k. She said <u>nothing</u> worth remembering. ------------------→

l. You ask <u>too much</u>. ---→

m. You brought a gift for <u>each one</u> of them. -------------→

n. There is <u>nothing</u> of hers that he wants. ---------------→

o. I must also ask <u>the others/the rest</u> what they think. ---→

26. LOS ADVERBIOS Reword the Spanish adverb ending in *-mente*.

a. La doctora cuidaba a los enfermos pacientemente. ---->

b. Ana fuma abundantemente. ---->

c. Resolvió la situación acertadamente. ---->

d. El conferenciante expuso brevemente su tema. ---->

e. Conduce cuidadosamente, que hay mucho tráfico. ---->

f. Desgraciadamente, no puedo ayudarte. ---->

g. Le gustaba examinar detalladamente las ciudades que visitaba. ---->

h. Saltó la cerca fácilmente. ---->

i. Habrá que luchar furiosamente para ganar la final. ---->

j. Ana dijo públicamente que se casaba, pero no lo ha hecho. ---->

k. Juan cantaba alegremente. ---->

l. A pesar de ser famosa se comporta muy espontáneamente. ---->

m. Estudia incesantemente durante todo el día. ---->

n. Entraron bruscamente y sin pedir permiso. ---->

o. Decorosamente dijeron en aquel hotel que estaban casados. ---->

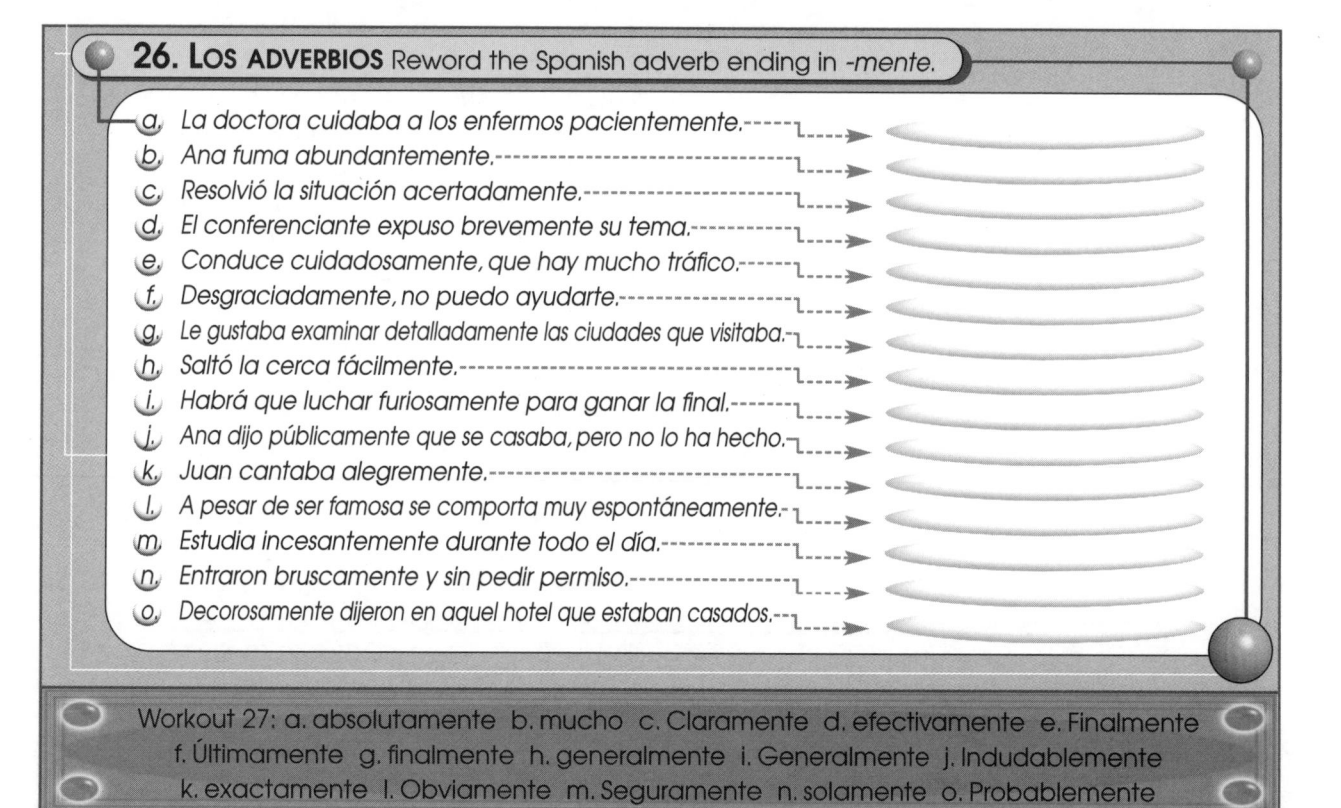

Workout 27: a. absolutamente b. mucho c. Claramente d. efectivamente e. Finalmente
f. Últimamente g. finalmente h. generalmente i. Generalmente j. Indudablemente
k. exactamente l. Obviamente m. Seguramente n. solamente o. Probablemente

Workout 26: a. con paciencia b. en/con abundancia c. con acierto d. con brevedad
e. con cuidado f. Por desgracia g. en/con detalle h. con facilidad i. con furia j. en público
k. con alegría l. con una gran espontaneidad m. sin cesar n. con brusquedad o. Por decoro

27. LOS ADVERBIOS Restate the underlined expressions with adverbs.

a. No me molesta _en absoluto_.

b. Me agradó _en gran manera_ su discurso.

c. _Está claro que_ lo que pretende es ganar tiempo.

d. Eran ocho personas, _en efecto_.

e. _Por fin_ se ha decidido a decírselo.

f. _En tiempo reciente_ tuvo un buen detalle conmigo.

g. Y ya, _por último_, les hablaré de la pintura abstracta.

h. Los profesores, _en general_, son bastante buenos.

i. _Por lo general_, me acuesto temprano.

j. _Sin duda_, es así.

k. Llamó por teléfono _justo_ cuando me iba.

l. _Es obvio que_ está enfadado.

m. _Con toda seguridad_, tu primo habrá perdido el avión.

n. Es muy simpático, _sólo_ que hoy está disgustado.

o. _Es muy probable_ que sean amigos.

28. LOS ADVERBIOS Insert the corresponding adverb.

a. Los niños, (lógico) _ _ _ _ _ _ _ , prefirieron los dibujos animados.

b. El problema ha de abordarse con rapidez, tanto (local) _ _ _ _ _ _ _
como (nacional) _ _ _ _ _ _ _ e (internacional) _ _ _ _ _ _ _.

c. Si no se hubiera lanzado tan (loco) _ _ _ _ _ _ _, no le habría pasado nada.

d. El problema habrá que abordarlo (sociológico) _ _ _ _ _ _ _ y (psicológico) _ _ _ _ _ _ _.

e. Este hecho me influyó muchísimo (emocional) _ _ _ _ _ _ _ .

f. Disfrute de las mejores jugadas del Mundial en su propia casa, sin entrada y además
(cómodo) _ _ _ _ _ _ _.

g. Si has contestado (afirmativo) _ _ _ _ _ _ _ a estas preguntas, llama hoy
mismo al 1-800-555-1234.

h. Usted puede ampliar (fácil) _ _ _ _ _ _ _ el PC con dispositivos multimedia.

i. Os estoy (grande) _ _ _ _ _ _ _ agradecido.

j. Tiene tantos secretos la botánica, (particular) _ _ _ _ _ _ _ en estas regiones.

k. Promete que llegará (temprano) _ _ _ _ _ _ _.

l. (Amargado) _ _ _ _ _ _ confesó su error.

Workout 29: a. fuertemente b. solas c. constantemente d. personalmente e. personal
f. fácilmente g. sola h. fácil, rápidamente i. fácilmente, tan j. rotundo k. rotundamente
l. perfectamente m. tendenciosamente n. fuerte o. fuerte

Workout 28: a. lógicamente b. tanto local como nacional e internacionalmente c. locamente
d. sociológica y psicológicamente e. emocionalmente f. cómodamente g. afirmativamente
h. fácilmente i. grandemente j. particularmente k. temprano l. Amargadamente

29. ¿ADJETIVO O ADVERBIO? Select the correct part of speech.

a. Es una zona (fuerte) _ _ _ _ _ _ _ vigilada.

b. Trabajamos por las personas mayores que están (solo) _ _ _ _ _ _.

c. Nos dedicamos (constante) _ _ _ _ _ _ _ a imaginar nuevos servicios.

d. Me ocuparé (personal) _ _ _ _ _ _ _ de ello.

e. No tengo nada (personal) _ _ _ _ _ _ _ contra ti.

f. Más de 12.000 niños mueren de enfermedades (fácil) _ _ _ _ _ _ _ evitables.

g. María ha ido (solo) _ _ _ _ _ _ _ al concierto porque llegué muy tarde.

h. Es muy (fácil) _ _ _ _ _ _ , ya verás cómo lo entiendes (rápido) _ _ _ _ _ _ _.

i. Eso se dice (fácil) _ _ _ _ _ _ , pero no es (tanto) _ _ _ _ _ sencillo.

j. Estuviste muy (rotundo) _ _ _ _ _ _ _ en tus declaraciones.

k. Me opongo (rotundo) _ _ _ _ _ _ _ a la publicación de este artículo.

l. Es (perfecto) _ _ _ _ _ _ _ legítimo que esté usted en contra de la caza.

m. Usted emplea términos y calificativos (tendencioso) _ _ _ _ _ _ _ inexactos.

n. Habla siempre muy (fuerte) _ _ _ _ _ _ _.

o. No me gusta cenar (fuerte) _ _ _ _ _ _ _.

30. ADVERBIOS Y EL PUNTO DE VISTA Rewrite with adverbs.

a. Desde un punto de vista económico, el país ha sufrido una gran crisis.

_ _ _ _ _ _ _ _ _ _ _ _, el país ha sufrido una gran crisis.

b. Desde un punto de vista teórico, podemos construir una frase correcta con 2000 palabras.

_ _ _ _ _ _ _ _ _ _ _ _, podemos construir una frase correcta con 2000 palabras.

c. Desde un punto de vista gramatical, el texto es discutible, pero desde un punto de vista literario es un verdadero hallazgo.

_ _ _ _ _ _ _ _ _ _ _ _, el texto es discutible, pero _ _ _ _ _ _ _ _ es un verdadero hallazgo.

d. Desde un punto de vista psicológico, tu proposición es descabellada.

_ _ _ _ _ _ _ _ _ _ _ _, tu proposición es descabellada.

e. Ni desde un punto di vista físico ni desde un punto de vista psicológico me encuentro bien.

Ni _ _ _ _ _ _ _ _ _ _ _ _ ni _ _ _ _ _ _ _ _ _ _ _ _ me encuentro bien.

f. Desde un punto de vista histórico, la tesis no está bien planteada.

_ _ _ _ _ _ _ _ _ _ _ _, la tesis no está bien planteada.

Workout 31: a. lógico b. histórico c. expresivo, lógico d. técnico e. fonético, gráfico
f. sociológico y psicológico

31. ADVERBIOS Y EL PUNTO DE VISTA Paraphrase the adverbs.

a. Lógicamente, él no puede haberlo hecho.
   Desde un punto de vista _ _ _ _ _ _ _ _ _ _ _, él no puede haberlo hecho.

b. Históricamente, eso no es cierto.
   Desde un punto de vista _ _ _ _ _ _ _ _ _ _ _, eso no es cierto.

c. Expresivamente está muy logrado el escrito, pero lógicamente deja mucho que desear.
   Desde un punto de vista _ _ _ _ _ _ _ _ _ está muy logrado el escrito, pero desde un
   punto de vista _ _ _ _ _ _ _ _ _ _ deja mucho que desear.

d. Le gusta abordar los problemas muy técnicamente.
   Le gusta abordar los problemas desde un punto de vista muy _ _ _ _ _ _ _ _.

e. Son palabras fonéticamente idénticas, aunque gráficamente muy distintas.
   Son palabras idénticas desde un punto de vista _ _ _ _ _ _ _, aunque desde un
   punto de vista _ _ _ _ _ _ _ _ son muy distintas.

f. Ésa es una hipótesis sociológica y psicológicamente muy atractiva.
   Ésa es una hipótesis muy atractiva desde un punto de vista _ _ _ _ _ _ y _ _ _ _ _ _ _.

32. ¡EL INFINITIVO! Insert an infinitive construction to complete the sentence.

a. He telephoned to warn you.

Llamó por teléfono _ _ _ _ _ _ _ _ _ _ _ .

para

b. The instructor explained the exercise so that it was understood better.

El profesor explicó la práctica _ _ _ _ _ _ _ _ _ mejor.

a fin de

c. They went by train in order to arrive earlier.

Iban en tren _ _ _ _ _ _ _ _ _ _ _ _ antes.

para

d. I'm helping you to avoid problems.

Te ayudo _ _ _ _ _ _ _ _ _ _ _ problemas.

para

e. I'm coming to pick up the diploma.

Vengo _ _ _ _ _ _ _ _ _ _ _ el diploma.

a

f. On seeing us, they were surprised.

_ _ _ _ _ _ _ _ se quedaron sorprendidos.

al

g. Shortly after you went away, William arrived.

_ _ _ _ _ _ _ _ _ _ tú, llegó Guillermo.

a poco de

Workout 33: a. dejado de fumar b. está por cambiar c. para adelgazar
d. quedó en comprar e. Antes de ir f. Después de comer g. hasta conseguir

33. ¡EL INFINITIVO! Complete the sentence with an infinitive construction.

a. *Has Francisco stopped smoking?*
¿Francisco ha _ _ _ _ _ _ _ _ _ _ _ _ _ _ _ _ _ _?

dejar de

b. *Luis is not in favor of changing the club.*
Luis no _ _ _ _ _ _ _ _ _ _ _ _ _ _ _ _ _ _ el club.

estar por

c. *She did gymnastics in order to slim down.*
Hacía gimnasia _ _ _ _ _ _ _ _ _ _ _ _ _ _ _ _ _ _.

para

d. *Rodolfo agreed to buy the car the next day.*
Rodolfo _ _ _ _ _ _ _ _ _ _ _ _ _ el coche el día siguiente.

quedar en

e. *Before going, we must repair the car.*
_ _ _ _ _ _ _ _ _ _ _ _ _, tenemos que arreglar el coche.

antes de

f. *After eating, we take a nap.*
_ _ _ _ _ _ _ _ _ _ _ _ _, nos echamos la siesta.

después de

g. *Federico doesn't stop until he gets what he wants.*
Federico no descansa _ _ _ _ _ _ _ _ _ _ _ lo que quiere.

hasta

34. ¡EL INFINITIVO! Choose the correct infinitive construction.

a. It's enough to make one crazy.

1. ⚪ Opta por volverse loco.
2. ⚪ Es por volverse loco.
3. ⚪ Es para volverse loco.

b. She dreams about taking a trip.

1. ⚪ Sueña con hacer un viaje.
2. ⚪ Sueña de hacer un viaje.
3. ⚪ Sueña en hacer un viaje.

c. This remains to be done.

1. ⚪ Esto está todavía para hacer.
2. ⚪ Esto está todavía por hacer.
3. ⚪ Esto está todavía en hacer.

d. Elena is about to leave.

1. ⚪ Elena está por marcharse.
2. ⚪ Elena está para marcharse.
3. ⚪ Elena está en marcharse.

e. Juan hesitated in answering.

1. ⚪ Juan tardó en contestar.
2. ⚪ Juan tardó por contestar.
3. ⚪ Juan tardó de contestar.

f. Pedro ought to earn more.

1. ⚪ Pedro va a ganar más.
2. ⚪ Pedro debería en ganar más.
3. ⚪ Pedro debería de ganar más.

Workout 35: a. 3 b. 1 c. 2 d. 3 e. 1 f. 3

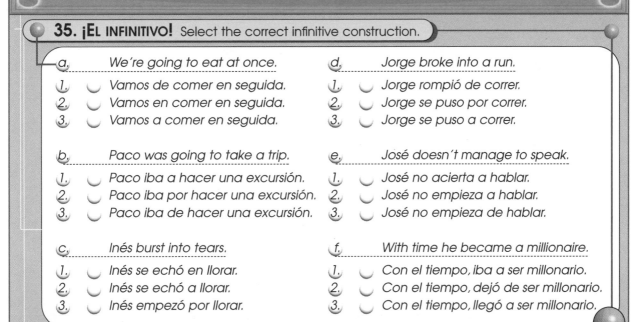

35. ¡EL INFINITIVO! Select the correct infinitive construction.

a. *We're going to eat at once.*

1. ◯ Vamos de comer en seguida.
2. ◯ Vamos en comer en seguida.
3. ◯ Vamos a comer en seguida.

b. *Paco was going to take a trip.*

1. ◯ Paco iba a hacer una excursión.
2. ◯ Paco iba por hacer una excursión.
3. ◯ Paco iba de hacer una excursión.

c. *Inés burst into tears.*

1. ◯ Inés se echó en llorar.
2. ◯ Inés se echó a llorar.
3. ◯ Inés empezó por llorar.

d. *Jorge broke into a run.*

1. ◯ Jorge rompió de correr.
2. ◯ Jorge se puso por correr.
3. ◯ Jorge se puso a correr.

e. *José doesn't manage to speak.*

1. ◯ José no acierta a hablar.
2. ◯ José no empieza a hablar.
3. ◯ José no empieza de hablar.

f. *With time he became a millionaire.*

1. ◯ Con el tiempo, iba a ser millonario.
2. ◯ Con el tiempo, dejó de ser millonario.
3. ◯ Con el tiempo, llegó a ser millonario.

36. ¡EL INFINITIVO! Complete the sentence with an infinitive construction.

a. Rolando told it to her before leaving.
   Rolando se lo dijo, _ _ _ _ _ _ _ _ _ _ _ _ .

b. On opening the door, they were surprised.
   _ _ _ _ _ _ _ _ _ _ _ _ la puerta, se quedaron sorprendidos.

c. Shortly after arriving, they had already fought.
   _ _ _ _ _ _ _ _ _ _ _ _ ya se habían peleado.

d. After returning home, Rosita called me.
   _ _ _ _ _ _ _ _ _ _ _ _ a casa, Rosita me llamó.

e. As soon as he saw us, he ran up to give us a hug.
   _ _ _ _ _ _ _ _ _ _ _ _ , corrió para abrazarnos.

f. Federico didn't come to the meeting because he was on a trip.
   Federico no vino a la reunión _ _ _ _ _ _ _ _ de viaje.

g. From working so much, we were totally exhausted.
   _ _ _ _ _ _ _ _ _ _ _ _ estábamos rendidos.

antes de

al

a poco de

después de

nada más

por

de tanto

Workout 37: a. para sacar/conseguir b. En vez de ir c. sin comprar d. Además de hablar
e. Por mentir f. De casarme g. Con sólo soñar

37. ¡EL INFINITIVO! Complete the sentence with an infinitive construction.

a. *José is here to get his driver's license.*
   José está aquí _ _ _ _ _ _ _ _ licencia de conducir.   **para**

b. *Instead of going to school, Pablo went to the swimming pool.*
   _ _ _ _ _ _ _ _ _ _ a la escuela, Pablo fue a la piscina.   **en vez de**

c. *Patricia left without buying anything.*
   Patricia se fue _ _ _ _ _ _ _ _ _ _ nada.   **sin**

d. *Besides speaking Italian, she speaks Portuguese as well.*
   _ _ _ _ _ _ _ _ italiano, ella habla bien el portugués.   **además de**

e. *Because he lied again and again, no one believed him anymore.*
   _ _ _ _ _ _ _ _ _ _ una y otra vez, ya nadie le creía.   **por**

f. *When I marry you, it will be for life.*
   _ _ _ _ _ _ _ _ _ _ contigo, será para toda la vida.   **de**

g. *If you only dream, you will achieve nothing.*
   _ _ _ _ _ _ _ _ _ _ , no conseguirás nada.   **con sólo**

38. ¡EL INFINITIVO! Choose the correct infinitive construction.

a. José and Rosa have to work.

1. ◡ José y Rosa tienen que trabajan.
2. ◡ José y Rosa tienen que trabajar.
3. ◡ José y Rosa tienen que trabajando.

b. I usually come here on Tuesdays.

1. ◡ Suele venir aquí los martes.
2. ◡ Suelo viene aquí los martes.
3. ◡ Suelo venir aquí los martes.

c. Julio shouldn't ask so many questions.

1. ◡ Julio no debe hacer tantas preguntas.
2. ◡ Julio no debe hace tantas preguntas.
3. ◡ Julio no deber hace tantas preguntas.

d. You should not forget.

1. ◡ No hay que olvida.
2. ◡ No hay que olvidan.
3. ◡ No hay que olvidar.

e. The beds are yet to be made.

1. ◡ Las camas quedan por hace.
2. ◡ Las camas quedan por hacer.
3. ◡ Las camas quedar por hacen.

f. León is all for selling it.

1. ◡ León está por venderlo.
2. ◡ León estar por lo vende.
3. ◡ León está por lo vender.

Workout 39: a. 1 b. 3 c. 1 d. 2 e. 3 f. 2

39. ¡EL GERUNDIO! Select the correct construction with a gerund.

a. *He was singing the whole morning.*
1. Estuvo cantando toda la mañana.
2. Estuvo cantar toda la mañana.
3. Estuvo cantado toda la mañana.

b. *I've been living here for five years.*
1. Llevo cinco años vivir aquí.
2. Llevo cinco años vivido aquí .
3. Llevo cinco años viviendo aquí.

c. *The hall was filling up.*
1. El pabellón iba llenándose.
2. El pabellón iba llenarse.
3. El pabellón se iba llenado.

d. *The prices are dropping.*
1. Los precios van bajado.
2. Los precios van bajando.
3. Los precios van bajar.

e. *He ended up falling asleep.*
1. Acabó dormirse.
2. Se acabó dormido.
3. Acabó durmiéndose.

f. *They keep looking for it.*
1. Siguen buscarlo.
2. Siguen buscándolo.
3. Siguen lo buscado.

40. ¡EL GERUNDIO! Complete the sentence with a gerund construction.

a. I was watching TV when Enrique arrived.

_ _ _ _ _ _ _ _ _ _ la televisión cuando llegó Enrique.

estar

b. Leonor is currently working in a hospital.

Leonor _ _ _ _ _ _ _ _ _ _ en un hospital.

estar

c. Gustavo and José keep looking for work.

Gustavo y José _ _ _ _ _ _ _ _ _ _ empleo.

seguir

d. Felicia continues working in the same factory.

Félicia _ _ _ _ _ _ _ _ _ _ en la misma fábrica.

continuar

e. Alberto is saying that it is impossible.

Alberto _ _ _ _ _ _ _ _ _ _ que es imposible.

venir

f. She began saying she was very happy with the welcome.

_ _ _ _ _ _ que estaba muy contenta de la bienvenida.

empezar

g. Miguel will end up doing what she says.

Miguel _ _ _ _ _ _ _ _ _ _ lo que ella diga.

acabar

Workout 41: a. prescindiendo del hecho de que b. suponiendo que tenga...
c. considerando que d. volviendo a lo de tu amigo e. Pensándolo bien, voy a cambiar.
f. ¿Cómo está Ud.? Voy tirando. g. ¿Ud. va andando?/¿Va andando Ud.?

41. ¡PONER EN ORDEN! Reorder these phrases and sentences with gerunds.

a. | que | del | prescindiendo | hecho | de |

b. | tenga | suponiendo | que |

c. | que | considerando |

d. | tu | amigo | lo | de | a | volviendo |

e. | voy | bien | a | cambiar | pensándolo |

f. | Ud. | está | cómo | tirando | voy |

g. | andando | va | Ud. |

a. *Rodrigo stayed working until five in the morning.*
   Rodrigo _ _ _ _ _ _ _ _ _ hasta las cinco de la mañana.

   quedarse

b. *Juan ended up saying that he didn't know.*
   Juan _ _ _ _ _ _ _ _ _ _ que no lo sabía.

   acabar

c. *Luis came out winning the competition.*
   Luis _ _ _ _ _ _ _ _ _ _ la competencia.

   salir

d. *Juana will learn it with time.*
   Juana lo _ _ _ _ _ _ _ _ _ _ _ _ con tiempo.

   ir

e. *The children stayed watching television.*
   Los niños _ _ _ _ _ _ _ _ _ _ la televisión.

   quedarse

f. *Ramón is increasing his knowledge of Spanish.*
   Ramón _ _ _ _ _ _ _ _ _ sus conocimientos del español.

   ir

g. *Laura was out strolling around the city.*
   Laura _ _ _ _ _ _ _ _ _ _ vueltas por la ciudad.

   andar

Workout 43: a. va adelantado b. sigue preocupado c. da por terminado
d. dejó olvidado e. sigue descompuesto f. traen...preocupado g. quedó encendido

43. ¡EL PARTICIPIO! Complete the sentences using the verb provided and a participle.

a. *My watch is always fast.*
   Mi reloj siempre _ _ _ _ _ _ _ _ _ _ _ .

   ir

b. *Teodoro is still worried.*
   Teodoro _ _ _ _ _ _ _ _ _ _ _ .

   seguir

c. *Tomás considers this matter finished.*
   Tomás _ _ _ _ _ _ _ _ _ _ _ _ este asunto.

   dar por

d. *Ángela forgot her pen.*
   Ángela _ _ _ _ _ _ _ _ _ _ _ _ su bolígrafo.

   dejar

e. *My television set is broken.*
   Mi televisor _ _ _ _ _ _ _ _ _ _ _ .

   seguir

f. *These things make him very worried.*
   Estos objetos le _ _ _ _ _ _ muy _ _ _ _ _ _ .

   traer

g. *The engine was still running.*
   El motor _ _ _ _ _ _ _ _ _ _ _ _ .

   quedar

44. ¡EL PARTICIPIO! Complete the sentence with the verb provided and a past participle.

a. Enrique has looked at five cars and likes none of them.

Enrique _ _ _ _ ya _ _ _ _ 5 autos y no le gusta ninguno.

llevar

b. Guillermo has already walked thirty kilometers.

Guillermo ya _ _ _ _ _ _ _ _ _ _ treinta kilómetros.

tener

c. The teacher is very distracted.

El profesor _ _ _ _ _ muy _ _ _ _ _ .

ir

d. Carla was sentenced to jail for five years.

Carla _ _ _ _ _ _ _ _ _ _ a cinco años de prisión.

quedar

e. Inés and Jorge are in love.

Inés y Jorge _ _ _ _ _ _ _ _ _ _ .

andar

f. Pedro has already spent five thousand dollars.

Pedro ya _ _ _ _ _ _ _ _ _ _ cinco mil dólares.

llevar

g. Luisa left the light on.

Luisa _ _ _ _ _ _ _ _ _ _ la luz.

dejar

Workout 45: a.1 b.3 c.2 d.1 e.3 f.2

Workout 44: a. lleva/vistos b. tiene andados c. va/distraído d. quedó condenada/sentenciada e. andan enamorados f. lleva gastados g. dejó encendida

45. ¡EL PARTICIPIO! Select the correct construction with a past participle.

a. _José has read the whole newspaper._

1. ◡ José lleva leído todo el periódico.
2. ◡ José lleva leída todo el periódico.
3. ◡ José llevo leído todo el periódico.

b. _My mother is very worried._

1. ◡ Mi madre va muy preocupadas.
2. ◡ Mi madre va muy preocupado.
3. ◡ Mi madre va muy preocupada.

c. _He has read those books already._

1. ◡ Ya tiene leída esos libros.
2. ◡ Ya tiene leídos esos libros.
3. ◡ Ya tiene leído esos libros.

d. _Enrique feels insulted._

1. ◡ Enrique se da por ofendido.
2. ◡ Enrique se da por ofendida.
3. ◡ Enrique se da por ofendidos.

e. _She has written down a lot of notes._

1. ◡ Tiene escrita muchas anotaciones.
2. ◡ Tiene escrito muchas anotaciones.
3. ◡ Tiene escritas muchas anotaciones.

f. _His wife dropped dead._

1. ◡ Su esposa cayó muerto.
2. ◡ Su esposa cayó muerta.
3. ◡ Su esposa cayó muertas.

46. ¡EL PARTICIPIO! Complete the sentence with the verb provided and a past participle.

a. *My father gave up already.*
   Mi padre se _ _ _ _ _ _ _ _ _ _ _ _ ayer.

b. *That man is wearing my tie.*
   Ese hombre _ _ _ _ _ _ _ _ _ _ _ _ mi corbata.

c. *Yesterday Alfonso burned the meal.*
   Ayer Alfonso se _ _ _ _ _ _ _ _ _ _ _ la comida.

d. *Olga is very pleased by what is happening here.*
   Olga _ _ _ muy _ _ _ _ _ _ _ por lo que pasa allí.

e. *Alberto is very distracted lately.*
   Alberto _ _ _ _ muy _ _ _ _ _ _ últimamente.

f. *The club was satisfied with the results.*
   El club se _ _ _ _ _ _ _ _ _ _ _ _ con los resultados.

g. *Suddenly, Inés found herself abandoned.*
   De repente Inés se _ _ _ _ _ _ _ _ _ _ _ _ .

dar por

traer

dejar

ir

andar

quedar

hallar

Workout 47: a. Doy por cumplida b. quedan callados c. lleva arreglados
d. dejado olvidado e. trae convencido/convencida f. quedan satisfechos g. traen escrita

Workout 46: a. dio por vencido b. trae puesta c. dejó quemada d. va... alegrada
e. anda... distraído f. quedó satisfecho g. halló abandonada

47. ¡EL PARTICIPIO! Complete the sentence with the verb provided and a past participle.

a. I consider his promise fulfilled.

_ _ _ _ _ _ _ _ _ _ _ _ su promesa.

dar por

b. Guillermo and Jorge are keeping quiet.

Guillermo y Jorge se _ _ _ _ _ _ _ _ _ _ _ .

quedar

c. John has already repaired five cars.

Juan _ _ _ _ _ _ _ _ _ _ _ _ cinco coches.

llevar

d. He has forgotten the bunch of keys.

Ha _ _ _ _ _ _ _ _ _ _ _ _ el manojo de llaves.

dejar

e. This matter has convinced me.

Este asunto me _ _ _ _ _ _ _ _ _ _ _ _ .

traer

f. Marcos and Martín are satisfied.

Marcos y Martín se _ _ _ _ _ _ _ _ _ _ _ _ _ .

quedar

g. The teachers have written half the book.

Los profesores _ _ _ _ _ _ _ _ _ _ la mitad del libro.

traer

48. ¡PONER EN ORDEN! Reorder these phrases and sentences containing past participles.

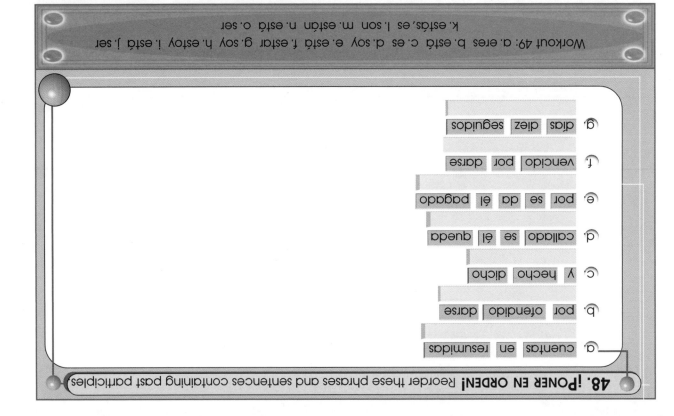

a. cuentas   en   resumidas

b. por   ofendido   darse

c. y   hecho   dicho

d. callado   se   él   queda

e. por   se   da   él   pagado

f. vencido   por   darse

g. días   diez   seguidos

49. ¿SER O ESTAR? Insert *ser* or *estar* in the correct form.

a. Con los nuevos planes, _ _ _ _ _ _ _ _ tú quien decides.

b. Rodrigo _ _ _ _ _ _ _ _ tan débil últimamente.

c. Planificar tu gasto _ _ _ _ _ _ _ _ muy fácil.

d. "Yo sé que _ _ _ _ _ _ _ _ algo más que un símbolo sexual".

e. El portero _ _ _ _ _ _ _ _ rabioso porque han perdido el partido.

f. La gente que no quiere _ _ _ _ _ _ _ _ sola se reúne en la plaza.

g. Siempre (yo) _ _ _ _ _ _ _ _ paciente y bondadosa.

h. Yo no _ _ _ _ _ _ _ _ a costumbrado a tanto bullicio.

i. ¿No _ _ _ _ _ _ _ _ bien usted? Se ve pálido.

j. Esto no puede _ _ _ _ _ _ _ _ .

k. "Cuando (tú) _ _ _ _ _ _ _ en este negocio, _ _ _ _ necesario tener cierta actitud."

l. "Para mí las pruebas _ _ _ _ _ _ una gran oportunidad."

m. Los niños _ _ _ _ _ _ _ _ muy cansados.

n. (Él) _ _ _ _ _ _ tan concentrado que no se da cuenta de que nos vamos.

o. ¿Responde a su manera de _ _ _ _ _ _ _ _ o es pura propaganda?

50. ¿SER O ESTAR? Insert *ser* or *estar* in the correct form.

a. Ustedes _ _ _ _ _ _ _ amigos de primera clase.
b. En cualquier caso, _ _ _ _ _ _ _ _ un halago.
c. El alemán _ _ _ _ _ _ _ _ una lengua difícil.
d. _ _ _ _ _ _ _ _ sexy supone una sensualidad innata.
e. Hoy (nosotros) _ _ _ _ _ _ _ _ _ a cinco grados bajo cero.
f. La sopa _ _ _ _ _ _ _ _ caliente.
g. Nadie _ _ _ _ _ _ _ _ de una sola manera.
h. Sí, tengo miedo a _ _ _ _ _ _ _ _ sola.
i. Yo no _ _ _ _ _ _ _ _ para bromas.
j. (Nosotros) _ _ _ _ _ _ _ _ _ _ al cinco de octubre.
k. (Yo) no _ _ _ _ _ _ del tipo de gente que necesita _ _ _ _ _ _ tranquila y a solas.
l. Mi padre _ _ _ _ _ _ _ _ de viaje.
m. Mis amigos _ _ _ _ _ _ _ _ inteligentes.
n. Sí, (nosotros) _ _ _ _ _ _ _ _ protestantes.
o. Se entiende que las divas _ _ _ _ _ _ _ _ caprichosas.

Workout 51: a. 2 b. 3 c. 1 d. 3 e. 2 f. 1

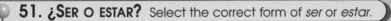

Workout 50: a. son b. es c. es d. Ser e. estamos f. está g. es h. estar i. estoy
j. Estamos k. soy, estar l. está m. son n. somos o. son

51. ¿SER O ESTAR? Select the correct form of *ser* or *estar*.

a, Marco is my uncle.

1. ○ Marco está mi tío.
2. ○ Marco es mi tío.
3. ○ Marco era mi tío.

b, Iris is at the driving school.

1. ○ Iris esté en la autoescuela.
2. ○ Iris es en la autoescuela.
3. ○ Iris está en la autoescuela.

c, The custard is so tasty!

1. ○ ¡Qué rico está el flan!
2. ○ ¡Qué rico sea el flan!
3. ○ ¡Qué rico es el flan!

d, Ramón has been a teacher for 5 years.

1. ○ Ramón está profesor desde hace 5 años.
2. ○ Ramón era profesor desde hace 5 años.
3. ○ Ramón es profesor desde hace 5 años.

e, Luis is very nervous today.

1. ○ Luis es muy nervioso hoy.
2. ○ Luis está muy nervioso hoy.
3. ○ Luis ha estado muy nervioso hoy.

f, Rodrigo is at home. He is sick.

1. ○ Rodrigo está en casa. Está enfermo.
2. ○ Rodrigo es en casa. Está enfermo.
3. ○ Rodrigo está en casa. Es enfermo.

52. ¡EL IMPERATIVO! Make the Spanish imperative from these sentences.

a. Let's give them money! -------------→

b. Let's go to the beach! -------------→

c. Do it! (formal, sing.) -------------→

d. Do it! (familiar, sing.) -------------→

e. Go now! (familiar, sing.) -------------→

f. Go away! (formal, pl.) -------------→

g. Wash your hands! (formal, pl.) -------------→

h. Sit down! (familiar, sing.) -------------→

i. Sit down! (formal, pl.) -------------→

j. Open the window! (familiar, sing.) -------------→

k. Open it! (formal, sing.) -------------→

l. Don't open it! (formal, sing.) -------------→

m. Write me a letter! (formal, sing.) -------------→

n. Don't write to me! (formal, pl.) -------------→

o. Write me! (familiar, sing.) -------------→

Workout 53: a. ¡No hagas tu vida más fácil! b. ¡No nos despidamos! c. ¡No pongas una etiqueta!
d. ¡No me lo hagas! e. ¡No viva la novia! f. ¡No lo hagamos! g. ¡No levante el pie de su pareja! h. ¡No nos
sentemos! i. ¡No sujete el pie con una mano! j. ¡No nos levantemos! k. ¡No haga los siguientes movimientos!
l. ¡No me lo diga! m. ¡No vengas al baile! n. ¡No te lo tomes! o. ¡No aumente la presión!

Workout 52: a. ¡Vamos a darles dinero!/¡Les demos dinero! b. ¡Vamos a la playa! c. ¡Hágalo! d. ¡Hazlo!
e. ¡Ve ahora! f. ¡Váyanse!/¡Lárguense! g. ¡Lávense las manos! h. ¡Siéntate! i. ¡Siéntense! j. ¡Abre la ventana!
k. ¡Ábrala! l. ¡No la abra! m. ¡Escríbame una carta! n. ¡No me escriban! o. ¡Escríbeme!

53. ¡EL IMPERATIVO! Change these sentences to the negative imperative.

a. ¡Haz tu vida más fácil! ----------------------------
b. ¡Despidámonos! --------------------------------------
c. ¡Pon una etiqueta! ----------------------------------
d. ¡Házmelo! ---
e. ¡Viva la novia! --------------------------------------
f. ¡Hagámoslo! --
g. ¡Levante el pie de su pareja! --------------------
h. ¡Sentémonos! ---
i. ¡Sujete el pie con una mano! --------------------
j. ¡Levantémonos! ---------------------------------------
k. ¡Haga los siguientes movimientos! --------------
l. ¡Dígamelo! ---
m. ¡Ven al baile! --
n. ¡Tómatelo! --
o. ¡Aumente la presión! -------------------------------

54. ¡HABLA! ¡HABLAD! Change these imperatives to 2nd person plural.

a. ¡Come menos! - →
b. ¡Trabaja más! - →
c. ¡No hables tanto! - →
d. ¡Escribe el apunte! - - - - - - - - - - - - - - - - - →
e. ¡No escribas las cartas! - - - - - - - - - - - - →
f. ¡No te preocupes! - - - - - - - - - - - - - - - - - - →
g. ¡Tráenos dos cafés con leche! - - - - - - - →
h. ¡Exige siempre dinero! - - - - - - - - - - - - - - →
i. ¡Piensa en los ejercicios! - - - - - - - - - - - - →
j. ¡Hazme las tareas inmediatamente! - - - →
k. ¡No me digas esa tontería! - - - - - - - - - - →
l. ¡No pienses en los dolores! - - - - - - - - - - →
m. ¡Cruza la Plaza de Armas! - - - - - - - - - - - →
n. ¡Dobla a la derecha! - - - - - - - - - - - - - - - - →
o. ¡No dobles a la izquierda! - - - - - - - - - - - →

Workout 55: a. ¡Dígamelo! b. ¡No lo diga Ud.! c. ¡Díselo! d. ¡Díselo a ella! e. ¡Tómelo!
f. ¡Tómatelo! g. ¡No te lo tomes! h. ¡Canta una canción! i. ¡No cantes! j. ¡No cante!
k. ¡Dámelo! l. ¡No lo des! m. ¡Déselo a ella! n. ¡No se preocupe Ud.! o. ¡No te preocupes!

Workout 54: a. ¡Comed menos! b. ¡Trabajad más! c. ¡No habléis tanto! d. ¡Escribid el apunte! e. ¡No escribáis las cartas! f. ¡No os preocupéis! g. ¡Traédnos dos cafés con leche! h. ¡Exigid siempre dinero! i.¡Pensad en los ejercicios! j. ¡Hacédme las tareas inmediatamente! k. ¡No me digáis esa tontería! l. ¡No penséis en los dolores! m. ¡Cruzad la Plaza de Armas! n. ¡Doblad a la derecha! o. ¡No dobléis a la izquierda!

55. ¡EL IMPERATIVO! Make Spanish imperatives in the 2nd or 3rd person singular.

a. *Tell it to me!* (formal) --------------------------- ⌐--->

b. *Don't say it!* (formal) --------------------------- ⌐--->

c. *Tell it to them!* (familiar) --------------------------- ⌐--->

d. *Tell it to her!* (familiar) --------------------------- ⌐--->

e. *Take it!* (formal) --------------------------- ⌐--->

f. *Take it yourself!* (familiar) --------------------------- ⌐--->

g. *Don't take it yourself!* (familiar) ------------------ ⌐--->

h. *Sing a song!* (familiar) --------------------------- ⌐--->

i. *Don't sing!* (familiar) --------------------------- ⌐--->

j. *Don't sing!* (formal) --------------------------- ⌐--->

k. *Give it to me!* (familiar) --------------------------- ⌐--->

l. *Don't give it!* (familiar) --------------------------- ⌐--->

m. *Give it to her!* (formal) --------------------------- ⌐--->

n. *Don't worry!* (formal) --------------------------- ⌐--->

o. *Don't worry!* (familiar) --------------------------- ⌐--->

56. ¡EL IMPERATIVO! Write the verb in the correct imperative form.

a. Mi esposo me dice: "¡(esperar, me) _ _ _ _ _ _ _ _ aquí!"

b. Ramón le gritó a su hermano: "¡(venir) _ _ _ _ _ _ _ _ en seguida!"

c. Nos dijo: "¡Nunca (volver) _ _ _ _ _ _ _ _ a poner el pie en mi casa!"

d. ¡(echar) _ _ _ _ _ _ _ _ usted una mano!

e. Ronaldo nos dice: "¡(llamar, me) _ _ _ _ _ _ _ _ a las dos!"

f. El padre le dice al hijo: "¡ No (tomar, lo) _ _ _ _ _ _ _ _ en la mano izquierda!"

g. ¡(venir) _ _ _ _ _ _ _ _ usted esa mañana!

h. La madre nos ordenó: "¡(ayudar, me) _ _ _ _ _ _ _ _ a resolver los problemas!"

i. El médico dice al paciente: "¡(regresar) _ _ _ _ _ _ _ _ Ud. la semana entrante!"

j. ¡Usted (dar, me) _ _ _ _ _ _ _ _ las manos!

k. Él gritó: "¡(salir) _ _ _ _ _ _ _ _ Ud. de la sala!"

l. Mi padre me advirtió: "¡No (volver) _ _ _ _ _ _ _ _ a llegar tarde!"

m. Mi madre advirtió también a mi hermana: "¡(regresar) _ _ _ _ _ _ _ _ a tiempo!"

n. ¡(llevar) _ _ _ _ _ _ _ _ Uds. las tarjetas postales al buzón!

o. ¡(esperar) _ _ _ _ _ _ _ _ Uds. un momento!

Workout 57: a. ¡No me lo haga! b. ¡No me lo digas! c. ¡No lo digas! d. ¡No lo diga! e. ¡No nos vamos! f. ¡No me escribas! g. ¡No nos lo escribas! h. ¡No se lo escriban! i. ¡No lo tomen! j. ¡No te lo tomes! k. ¡No te despiertes! l. ¡No nos levantemos! m. ¡No se siente! n. ¡No te sientes! o. ¡No se vayan!

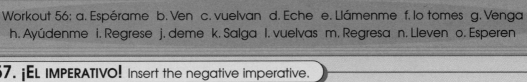

57. ¡EL IMPERATIVO! Insert the negative imperative.

a. ¡Hágamelo!   ¡No.. !

b. ¡Dímelo!   ¡No.. !

c. ¡Dilo!   ¡No.. !

d. ¡Dígalo!   ¡No.. !

e. ¡Vámonos!   ¡No.. !

f. ¡Escríbeme!   ¡No.. !

g. ¡Escríbenoslo!   ¡No.. !

h. ¡Escríbanselo!   ¡No.. !

i. ¡Tómenlo!   ¡No.. !

j. ¡Tómatelo!   ¡No.. !

k. ¡Despiértate!   ¡No.. !

l. ¡Levantémonos!   ¡No.. !

m. ¡Siéntese!   ¡No.. !

n. ¡Siéntate!   ¡No.. !

o. ¡Váyanse!   ¡No.. !

58. ¡EL IMPERATIVO! Write the verb in the correct imperative form.

a. The commissioner says, "Return tomorrow!"

 El comisario dice: "¡_ _ _ _ _ _ _ _ Ud. mañana!"

b. I told a colleague, "Take the packet to the post office."

 Mandé a un colega: "¡_ _ _ _ _ _ _ tú el paquete al Correos!"

c. The father yelled, "Antonio, bring me the hammer."

 El padre gritó: "¡Antonio, _ _ _ _ _ _ _ _ _ el martillo!"

d. He said to her, "Return the books to the library!"

 Le dijo: "¡_ _ _ _ _ _ _ _ _ los libros a la biblioteca!"

e. Warn people in time!

 ¡_ _ _ _ _ _ _ _ _ Uds. a la gente con tiempo!

f. Next time, pick up the tools!

 ¡La próxima vez _ _ _ _ _ _ _ _ _ Ud. las herramientas!

g. The man said, "Go straight ahead."

 El hombre dijo: "¡_ _ _ _ _ _ _ _ Ud. derecho!"

Workout 59: a. Devuelva b. cierra c. deja d. cállate e. te acuestes
f. baje g. siéntese, apúntemelo/escríbamelo

59. ¡EL IMPERATIVO! Put the verb in the correct imperative form.

a. Give the money back at once! (formal)

  ¡_ _ _ _ _ _ _ _ _ Ud. el dinero en seguida!

b. Elena, shut the window now! (familiar)

  ¡Elena, _ _ _ _ _ _ _ _ _ la ventana ahora!

c. Guillermo, stop smoking! (familiar)

  ¡Guillermo, _ _ _ _ _ _ _ _ _ de fumar!

d. Graciela, be quiet now! (familiar)

  ¡Graciela, _ _ _ _ _ _ _ _ _ ahora!

e. Roberto, don't go to bed so late! (familiar)

  ¡Roberto, no te _ _ _ _ _ _ _ _ tan tarde!

f. Francisco, turn down the radio! (formal)

  Francisco, _ _ _ _ _ _ _ _ _ la radio!

g. Gerardo, sit down and write it for me! (formal)

  ¡Gerardo, _ _ _ _ _ _ _ _ _ y _ _ _ _ _ _ _ _ _ !

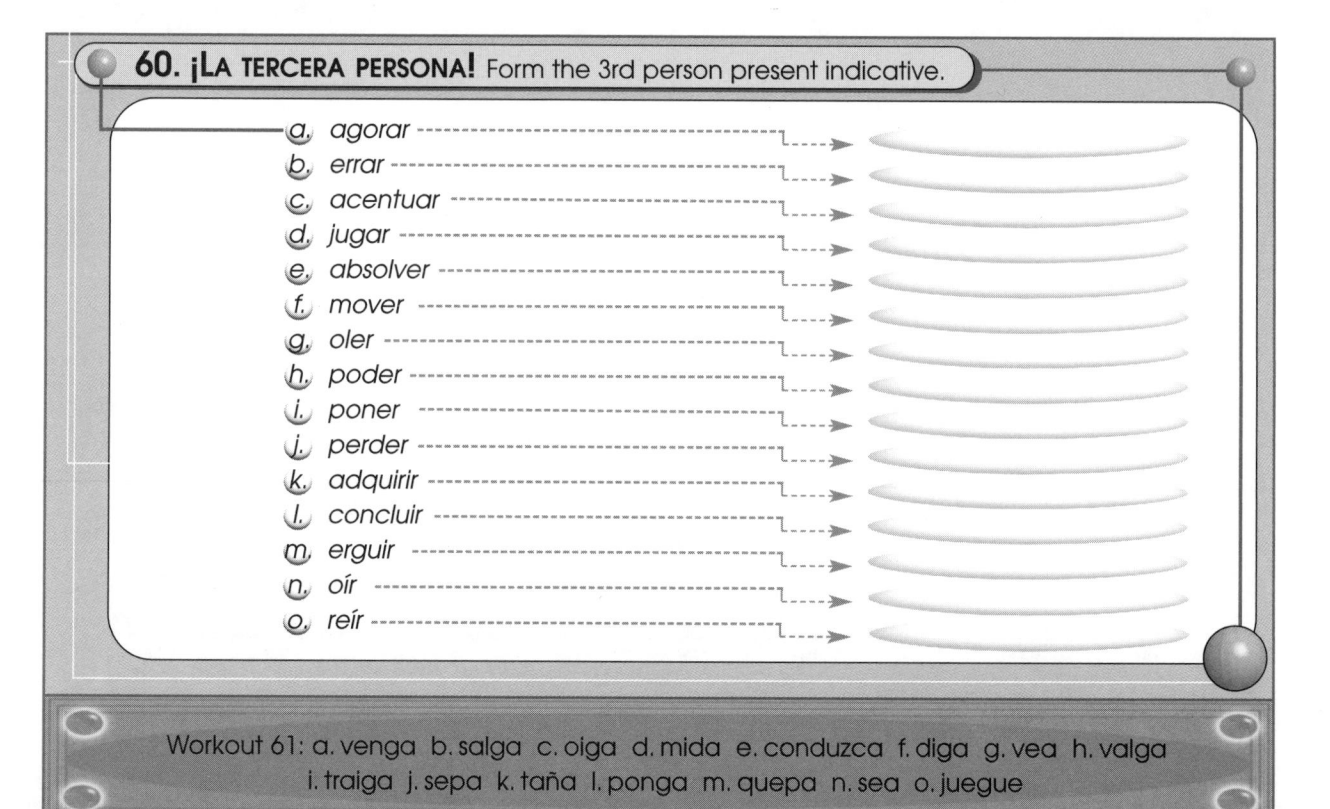

60. ¡LA TERCERA PERSONA! Form the 3rd person present indicative.

a. agorar ----------→

b. errar ----------→

c. acentuar ----------→

d. jugar ----------→

e. absolver ----------→

f. mover ----------→

g. oler ----------→

h. poder ----------→

i. poner ----------→

j. perder ----------→

k. adquirir ----------→

l. concluir ----------→

m. erguir ----------→

n. oír ----------→

o. reír ----------→

Workout 61: a. venga b. salga c. oiga d. mida e. conduzca f. diga g. vea h. valga
i. traiga j. sepa k. taña l. ponga m. quepa n. sea o. juegue

61. ¡LA TERCERA PERSONA! Form the 3rd person present subjunctive.

a. venir - ⌐- - →

b. salir - ⌐- - →

c. oír - ⌐- - →

d. medir - ⌐- - →

e. conducir - ⌐- - →

f. decir - ⌐- - →

g. ver - ⌐- - →

h. valer - ⌐- - →

i. traer - ⌐- - →

j. saber - ⌐- - →

k. tañer - ⌐- - →

l. poner - ⌐- - →

m. caber - ⌐- - →

n. ser - ⌐- - →

o. jugar - ⌐- - →

62. ¡EL PASADO! Write the verb in the appropriate past tense.

a. Pero siempre Fernando me _ _ _ _ _ _ _ : "Es un sombrero". **responder**

b. _ _ _ _ _ _ _ y soy muy atlética, me encanta el deporte. **ser**

c. El deporte se me _ _ _ _ _ _ _ bien. **dar**

d. Pero me _ _ _ _ _ _ _ correr, saltar, subirme a los árboles. **encantar**

e. Sí. Ayer _ _ _ _ _ _ _ estas maletas que tengo ahora. **tener**

f. Mis padres _ _ _ _ _ _ viviendo en el mismo vecindario hasta hace poco. **seguir**

g. Mi padre ya se _ _ _ _ _ _ _ y mi madre está a punto de hacerlo. **mudar**

h. Me gusta ver a la gente con la que _ _ _ _ _ _ _ . **crecer**

i. "¿Qué lecciones _ _ _ _ _ _ _ ella del barrio?" **extraer**

j. De niño, (yo) _ _ _ _ _ _ _ las cosas que no te enseñan en el colegio. **aprender**

k. En la calle (yo) _ _ _ _ _ _ _ la pasión por la música. **descubrir**

l. De niño, (yo) _ _ _ _ _ _ _ la salsa y el merengue en casa. **escuchar**

m. Me _ _ _ _ _ _ a parecer peligroso cuando me fui haciendo mayor. **empezar**

n. "Pero a los 11 años ya _ _ _ _ _ _ usted un cuerpo atlético." **tener**

o. "Sí, (yo) _ _ _ _ _ _ gimnasta y futbolista." **ser**

Workout 63: a. quedó b. cerró c. impidió d. jugaban e. exclamó f. he estado
g. He cometido h. he pagado i. ganó j. estuvo k. inquietó l. buscaba m. Había dormido
n. estaba, sabía, hacía o. comenté, estaba

Workout 62: a. respondía b. Era c. daba d. encantaba e. tuve f. han seguido
g. ha mudado/mudó h. crecí i. extrajo j. he aprendido/aprendí
k. descubrí l. escuchaba m. empezó n. tenía o. era

63. ¡EL PASADO! Insert the verb in the correct past tense.

a. La final del torneo (quedar) _ _ _ _ _ _ marcada ayer con la llegada de su novia.

b. Medvedev (cerrar) _ _ _ _ _ el paso a Fernando Meligeni al vencerle por 7-5, 3-6, 7-6.

c. Ayer la lluvia (impedir) _ _ _ _ _ _ _ _ la conclusión del torneo.

d. Solís y Gómez (jugar) _ _ _ _ _ _ _ cuando les cayó un aguacero.

e. "Es como nacer por segunda vez", (exclamar) _ _ _ _ _ _ _ Agassi tras su victoria de ayer.

f. "Y ahora estoy aquí. (yo, estar) _ _ _ _ _ _ fuera del tenis competitivo durante varios meses.

g. (yo, cometer) _ _ _ _ _ _ errores en los últimos cuatro años.

h. Pero los (yo, pagar) _ _ _ _ _ _ _ ."

i. Gustavo Kuerten (ganar) _ _ _ _ _ _ _ el torneo en 1997 siendo el 66° mundial.

j. La jornada ayer (estar) _ _ _ _ _ _ _ gris en el cielo, pero brillante en la pista.

k. Medvedev ni siquiera se (inquietar) _ _ _ _ _ _ _ .

l. Meligeni (buscar) _ _ _ _ _ _ _ con pasión alcanzar la final.

m. "(yo, dormir) _ _ _ _ _ _ mal por la noche.

n. Y (estar) _ _ _ _ _ _ tan tenso que no (saber) _ _ _ _ _ qué (hacer) _ _ _ _ _ ", confesó.

o. Entonces le (comentar) _ _ _ _ _ _ a Anke lo que me (estar) _ _ _ _ _ _ ocurriendo.

64. ¡EL PASADO! Mark the sentence with the correct past tense.

a. My father died in 1956.
1. ⬭ Mi padre murió en 1956.
2. ⬭ Mi padre ha muerto en 1956.
3. ⬭ Mi padre moría en 1956.

b. Today I got up at eight o'clock.
1. ⬭ Hoy me levanté a las ocho.
2. ⬭ Hoy me levantaba a las ocho.
3. ⬭ Hoy me he levantado a las ocho.

c. They always ate fish on Fridays.
1. ⬭ Siempre comían pescado los viernes.
2. ⬭ Siempre comía pescado los viernes.
3. ⬭ Siempre comió pescado los viernes.

d. He was at home when I arrived.
1. ⬭ Estaba en casa cuando yo llegaba.
2. ⬭ Estuvo en casa cuando yo llegaba.
3. ⬭ Estaba en casa cuando llegué.

e. Yesterday he took her by the hand.
1. ⬭ Ayer la tomó de la mano.
2. ⬭ Ayer la ha tomado de la mano.
3. ⬭ Ayer la tomaba de la mano.

f. I have worked a lot this week.
1. ⬭ Esta semana trabajé mucho.
2. ⬭ Esta semana he trabajado mucho.
3. ⬭ Esta semana trabajaba mucho.

Workout 65: a. Soñaba con chocolate cuando sonó el despertador. b. Llovía fuerte cuando salí de la casa. c. Solía desayunar/Desayunaba en un restaurante cercano. d. Ayer Juan despidió/corrió a Carmen, mi cocinera favorita. e. No tuve nada de comer toda la mañana. f. Moría de hambre cuando llegó la hora de almorzar. g. A las doce en punto, corrí al restaurante más cercano.

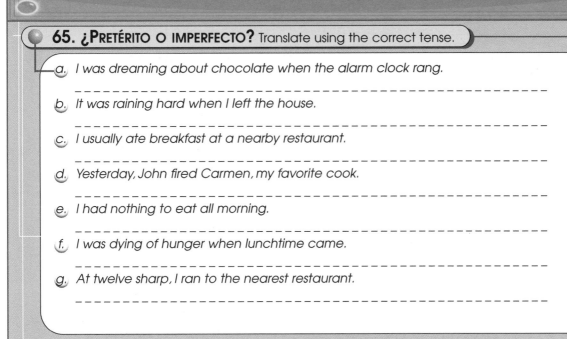

65. ¿PRETÉRITO O IMPERFECTO? Translate using the correct tense.

a. I was dreaming about chocolate when the alarm clock rang.

_____

b. It was raining hard when I left the house.

_____

c. I usually ate breakfast at a nearby restaurant.

_____

d. Yesterday, John fired Carmen, my favorite cook.

_____

e. I had nothing to eat all morning.

_____

f. I was dying of hunger when lunchtime came.

_____

g. At twelve sharp, I ran to the nearest restaurant.

_____

66. ¡EL PRETÉRITO! Form the 3rd person singular of the preterite.

a. despedir $\longrightarrow$

b. pedir $\longrightarrow$

c. servir $\longrightarrow$

d. concluir $\longrightarrow$

e. estar $\longrightarrow$

f. tener $\longrightarrow$

g. dormir $\longrightarrow$

h. acentuar $\longrightarrow$

i. saber $\longrightarrow$

j. contar $\longrightarrow$

k. errar $\longrightarrow$

l. poder $\longrightarrow$

m. poner $\longrightarrow$

n. perder $\longrightarrow$

o. oler $\longrightarrow$

Workout 67: a. ha ganado b. recibió c. abandonó, regresó d. llegó e. ha prometido
f. cumplió g. ha pedido h. ha rehusado i. ha sido j. ha creído k. logró l. ha esperado
m. entrevistó n. se quebró o. ha temido, sucedió

67. ¿PERFECTO COMPUESTO O PRETÉRITO? Insert the correct verb form.

a. Quique siempre (ganar) _ _ _ _ _ _ _ las competencias atléticas.

b. El año pasado (recibir) _ _ _ _ _ _ _ trece medallas de oro.

c. Su rival (abandonar) _ _ _ _ _ la competencia y (regresar) _ _ _ _ _ a su hogar.

d. Carmen (llegar) _ _ _ _ _ _ _ temprano para entrevistar a Quique.

e. Quique (prometer) _ _ _ _ _ _ _ darle una entrevista exclusiva.

f. La última vez, el campeón no (cumplir) _ _ _ _ _ _ con su promesa.

g. Desde el principio, cada reportero le (pedir) _ _ _ _ _ _ _ una entrevista.

h. Pero Quique siempre les (rehusar) _ _ _ _ _ _ .

i. Desde su niñez, Quique (ser) _ _ _ _ _ _ _ muy supersticioso.

j. Él (creer) _ _ _ _ _ _ _ que si da una entrevista, le va a traer mala suerte.

k. Pero por fin Carmen (lograr) _ _ _ _ _ _ _ obtener la entrevista tan elusiva.

l. Ella (esperar) _ _ _ _ _ _ _ esta oportunidad por toda la carrera.

m. Antes de la competencia, Carmen (entrevistar) _ _ _ _ _ _ _ al gran campeón.

n. Desgraciadamente, Quique (quebrarse) _ _ _ _ _ _ _ el tobillo durante la competencia.

o. Lo que más (temer) _ _ _ _ _ _ _ él, sí le (suceder) _ _ _ _ _ _ _ .

68. ¿PERFECTO O PRETÉRITO? Insert the correct verb form.

a. Un ladrón (abrir) _ _ _ _ _ _ _ la ventana.

b. Sánchez Pizjuan (descubrir) _ _ _ _ _ _ _ el defecto en el coche.

c. A Beto siempre no le (ir) _ _ _ _ _ _ _ muy bien.

d. El mespasado los empleados (robar) _ _ _ _ _ _ _ las joyas.

e. Esta vez Clara no (poder) _ _ _ _ _ _ _ contar con Marisela.

f. Ayer Alfredo y Rodrigo lo (vencer) _ _ _ _ _ _ _ definitivamente.

g. Los vándalos me (estropear) _ _ _ _ _ _ _ el coche dos veces en este año.

h. El año pasado ellos me (arruinar) _ _ _ _ _ _ _ un coche.

i. El Madrid (ganar) _ _ _ _ _ _ _ todos los encuentros dirigidos por este árbitro.

j. Los rusos los (desterrar) _ _ _ _ _ _ _ a Siberia.

k. Hasta ahora, nosotros no (encontrar) _ _ _ _ _ _ _ un lugar para aparcar la moto.

l. "Es el mejor equipo que (ver) _ _ _ _ _ _ _ desde que estoy aquí."

m. Esto (advertir) _ _ _ _ _ _ _ ayer el nuevo entrenador.

n. Según él, jamás (hacer) _ _ _ _ _ _ _ un error en toda la vida.

o. Nos (levantar) _ _ _ _ _ _ _ a las cinco de la madrugada.

Workout 69: a. sirvieron b. aterrizó c. tuvimos d. despegó e. jugó f. ocurrió g. fue h. dio
i. llevaron j. subimos k. hice l. estuvimos m. ayudó n. esperaron o. resolvió

Workout 68: a. abrió b. descubrió c. ha ido d. robaron e. ha podido f. vencieron
g. han estropeado h. arruinaron i. ha ganado j. desterraron
k. hemos encontrado l. he visto m. advirtió n. ha hecho o. levantamos

69. ¡EL PRETÉRITO! Put the verb in the correct form.

a. Los camareros _ _ _ _ _ _ _ _ _ la comida.		**served**
b. El avión _ _ _ _ _ _ _ _ _ quince minutos más tarde.		**landed**
c. Elena y yo _ _ _ _ _ _ _ _ _ tiempo para tomar un café.		**had**
d. El avión _ _ _ _ _ _ _ _ _ con una hora de retraso.		**took off**
e. El último partido que el equipo _ _ _ _ _ _ _ fue ante San José.		**played**
f. La escapada _ _ _ _ _ _ _ _ _ al principio.		**occurred**
g. Miguel Induráin _ _ _ _ _ _ el jugador más valioso ayer.		**was**
h. El escándalo me _ _ _ _ _ dolor de cabeza.		**gave**
i. Nos _ _ _ _ _ _ _ ellos a un ritmo rápido pero no tanto.		**drove (llevar)**
j. Luego (nosotros) _ _ _ _ _ _ _ _ _ al tren.		**boarded (subir)**
k. El año pasado yo _ _ _ _ _ _ _ tres viajes a Cabo San Lucas.		**took (hacer)**
l. El año pasado nosotros _ _ _ _ de vacaciones en España.		**went (estar)**
m. El taxista le _ _ _ _ _ _ _ a llevar las maletas.		**helped**
n. Ellos _ _ _ _ _ _ un rato en la sala de espera.		**waited**
o. El detective _ _ _ _ _ _ _ _ _ el problema.		**resolved**

70. ¡EL PERFECTO COMPUESTO! Choose the sentence in the present perfect.

a. *Today she bought herself a car.*
1. ○ Hoy se compró un coche.
2. ○ Hoy se ha comprado un coche.
3. ○ Hoy se había comprado un coche.

d. *They wanted to make a point today.*
1. ○ Ellos quisieran sacar punta hoy.
2. ○ Ellos han querido sacar punta hoy.
3. ○ Ellos quiso sacar punta hoy.

b. *We've gone fast but well.*
1. ○ Hemos ido rápido, pero bien.
2. ○ Fuimos rápido, pero bien.
3. ○ Hemos sido rápido, pero bien.

e. *He has just now committed a theft.*
1. ○ Robó hace un rato.
2. ○ Había robado hace un rato.
3. ○ Ha robado hace un rato.

c. *He has changed his thinking.*
1. ○ Había cambiado de mentalidad.
2. ○ Cambió de mentalidad.
3. ○ Ha cambiado de mentalidad.

f. *Everything has not gone perfectly.*
1. ○ Todo no ha ido perfecto.
2. ○ Todo no fue perfecto.
3. ○ Todo no hubo ido perfecto.

Workout 71: a. Luis se ha propuesto estudiar por medio año. b. Raúl intentó llamarla por teléfono porque quería invitarla. c. ¿Te has olvidado de prestarme el cuaderno? d. Ayer con ese calor hiciste bien en quedarte en casa. e. Enrique y Sandra estaban muy nerviosos, pero llegaron a tiempo. f. Todavía tuvieron tiempo para comprar regalos. g. No compraron tanto/mucho.

71. ¡EL PASADO! Translate the sentences in the correct tense.

a. Louis has proposed studying for half a year.

_____

b. Raúl intended to phone her because he wanted to invite her.

_____

c. Have you (familiar) forgotten to lend me the notebook?

_____

d. Yesterday with that heat, you (familiar) did well to stay home.

_____

e. Enrique and Sandra were very nervous, but they arrived on time.

_____

f. They still had time to buy their gifts.

_____

g. They did not buy much.

_____

72. ¡EL FUTURO! Put the verb in the future tense.

a. Juan me molesta/_ _ _ _ _ _ _ _ constantemente.

b. Rodolfo llama/_ _ _ _ _ _ _ _ al médico.

c. Yo necesito/_ _ _ _ _ _ _ _ dinero.

d. Salimos/_ _ _ _ _ _ _ _ mañana temprano.

e. Miguel no tiene/_ _ _ _ _ _ _ _ tiempo mañana.

f. Se hace/_ _ _ _ _ _ _ _ un silencio muy grande.

g. Pongo/_ _ _ _ _ _ _ _ la joya en un banco.

h. Lo hacemos/_ _ _ _ _ _ _ _ rápidamente.

i. Félix y César suben/_ _ _ _ _ _ _ _ a la montaña.

j. El almacén está/_ _ _ _ _ _ _ _ cerrado.

k. Esperamos/_ _ _ _ _ _ _ _ que vuelvas pronto.

l. ¿Qué dicen/_ _ _ _ _ _ _ _ sus padres?

m. ¿Qué tenemos que/_ _ _ _ _ _ _ _ hacer mañana?

n. Enrique y Pablo esperan/_ _ _ _ _ _ _ _ en la esquina.

o. Rita y Cristina vienen/_ _ _ _ _ _ _ _ en quince días.

Workout 73: a. 3 b. 2 c. 1 d. 3 e. 1 f. 2

Workout 72: a. molestará b. llamará c. necesitaré d. Saldremos e. tendrá f. hará
g. Pondré h. haremos i. subirán j. estará k. Esperaremos l. dirán
m. tendremos que n. esperarán o. vendrán

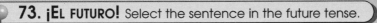

73. ¡EL FUTURO! Select the sentence in the future tense.

a. *We will do it tomorrow.*

1. ⌣ Lo hacemos mañana.
2. ⌣ Lo haríamos mañana.
3. ⌣ Lo haremos mañana.

b. *How much money will he win?*

1. ⌣ ¿Cuánto dinero gana?
2. ⌣ ¿Cuánto dinero ganará?
3. ⌣ ¿Cuánto dinero ganaría?

c. *It may be that she has no money.*

1. ⌣ Será que no tiene dinero.
2. ⌣ Sería que no tiene dinero.
3. ⌣ No tiene dinero.

d. *He will probably come.*

1. ⌣ A lo mejor vendría.
2. ⌣ A lo mejor venga.
3. ⌣ A lo mejor vendrá.

e. *Will José study English?*

1. ⌣ ¿Estudiará José inglés?
2. ⌣ ¿Estudia José inglés?
3. ⌣ ¿Estudiaría José inglés?

f. *We can go to the movies today.*

1. ⌣ Podamos ir al cine hoy.
2. ⌣ Podremos ir al cine hoy.
3. ⌣ Podríamos ir al cine hoy.

74. ¡EL FUTURO! Translate in the future or future perfect.

a. I promise that I will dance at your wedding.

_____

b. What should we advise them?

_____

c. With this weather, they won't have left.

_____

d. I will take it right away if it continues like this.

_____

e. Pedro will present a proposal to FIFA.

_____

f. María will not have arrived yet.

_____

g. After the meeting, we'll dine at the best French restaurant.

_____

Workout 74: a. Prometo que bailaré en tu/su boda. b. ¿Qué les aconsejaremos?
c. Con este tiempo no habrán partido/salido. d. Lo tomaré en seguida si esto sigue así.
e. Pedro presentará una propuesta a la FIFA. f. María no habrá llegado todavía.
g. Después de la reunión, cenaremos en el mejor restaurante francés.

75. ¡EL FUTURO! Translate these sentences into Spanish.

a. *Vicente and I will eat in an Italian restaurant.*

_____

b. *Who can it be at the door?*

_____

c. *Eduardo will have been at the office.*

_____

d. *I will have finished my work tomorrow.*

_____

e. *Óscar said, "I will be a candidate."*

_____

f. *Ernesto promised, "I will send it tomorrow."*

_____

g. *By three o'clock, I will already have cleaned the house.*

_____

76. ¡EL CONDICIONAL! Translate into the conditional tense.

a. How much money would Federico earn?

_____

b. Where would Elena and Miguel be from?

_____

c. Where would the parents be at this time (of day/night)?

_____

d. It should be two-thirty.

_____

e. Raúl promised that he would arrange it quickly.

_____

f. She said that she would go right away.

_____

g. I could read the books at home.

_____

Workout 77: a. Ahora podría realmente jugar al fútbol. b. El padre dijo a su hijo: "Deberías estudiar más". c. ¿Quién sería? d. Tendría entonces cuarenta años. e. En ese caso, le diría la verdad. f. ¿Quién habría sido? g. Con este tiempo debería ir a nadar.

Workout 76: a. ¿Cuánto dinero ganaría Federico? b. ¿De dónde serían Elena y Miguel? c. ¿Dónde estarían los padres a esas horas? d. Serían las dos y media. e. Raúl prometió que lo arreglaría rápidamente. f. Dijo que iría en seguida. g. Podría leer los libros en casa.

77. ¡EL CONDICIONAL! Translate, using the conditional and other tenses.

a. Now I would really be able to play soccer.

_____

b. The father told his son, "You must study more."

_____

c. Who would it be?

_____

d. He would be forty years old then.

_____

e. In that case, I would tell her the truth.

_____

f. Who would that have been?

_____

g. In this weather, I ought to go swimming.

_____

78. ¡EL CONDICIONAL! Choose between conditional and conditional perfect.

a. They would have advised us.

1. ○ Nos hayan avisado.
2. ○ Nos habrían avisado.
3. ○ Nos habían avisado.

b. Where would it have been?

1. ○ ¿Dónde habría estado?
2. ○ ¿Dónde hubiera estado?
3. ○ ¿Dónde habrá estado?

c. Only Elena would be bored.

1. ○ Sólo Elena se aburría.
2. ○ Sólo Elena se aburrirá.
3. ○ Sólo Elena se aburriría.

d. It would be 1:00 when I arrived.

1. ○ Sería la una cuando llegué.
2. ○ Sea la una cuando llegué.
3. ○ Fue la una cuando llegué.

e. Would you have told the truth?

1. ○ ¿Habrás dicho la verdad?
2. ○ ¿Habrías dicho la verdad?
3. ○ ¿Habías dicho la verdad?

f. You said that you would come.

1. ○ Dijiste que vendrás.
2. ○ Dijiste que vinieras.
3. ○ Dijiste que vendrías.

Workout 79: a. ha demostrado b. he comprado c. han trabajado d. hemos visto e. ha mejorado
f. ha dicho g. han olvidado h. ha encontrado i. hemos contemplado j. han escrito
k. he bebido l. ha dicho m. hemos calculado n. han vendido o. ha resultado

79. FORMAS COMPUESTAS Put the verb in the present perfect.

a. Este año Guillermo _ _ _ _ _ _ _ buena voluntad.   demostrar

b. Me _ _ _ _ _ _ _ _ _ una computadora para mi negocio.   comprar

c. Hoy Miguel y Eugenio _ _ _ _ _ _ _ _ mucho.   trabajar

d. No olvidemos que le _ _ _ _ _ _ _ _ en el club.   ver

e. El equipo se _ _ _ _ _ _ _ _ durante el campeonato.   mejorar

f. Cristina _ _ _ _ _ _ _ _ que ayer se fue a bailar.   decir

g. ¿Isabel y Elena,_ _ _ _ _ _ _ _ nuestra cita?   olvidar

h. Guardiola también se _ _ _ _ _ _ _ _ en San Juan.   encontrar

i. En el museo nos _ _ _ _ _ _ _ _ un cuadro de Goya.   contemplar

j. ¿Franco y Rodrigo,_ _ _ _ _ _ _ _ el ejercicio?   escribir

k. Pienso que _ _ _ _ _ _ _ _ demasiado.   beber

l. Ramón me _ _ _ _ _ _ _ _ que me dará quinientos pesos.   decir

m. Pensamos que _ _ _ _ _ _ _ _ suficiente.   calcular

n. Las tiendas ya _ _ _ _ _ _ _ _ las ofertas.   vender

o. La acción _ _ _ _ _ _ en algunas enemistades.   resultar

80. ¡FORMAS COMPUESTAS ! Insert the correct compund verb.

a, Federico had bought it.

Federico lo _ _ _ _ _ _ _ _ .

b, María had already gone when we arrived.

María ya se _ _ _ _ _ _ _ _ cuando nosotros llegamos.

c, I wouldn't have bought the book.

Yo no _ _ _ _ _ _ _ _ el libro.

d, Félix returned home because he had forgotten his money.

Félix volvió a casa porque _ _ _ _ _ _ _ _ el dinero.

e, The bank had already closed when he arrived.

El banco ya _ _ _ _ _ _ _ _ cuando llegó.

f, My parents wouldn't have signed the contract.

Mis padres no _ _ _ _ _ _ _ _ el contrato.

g, The cattle had already drowned when they arrived.

El ganado ya se _ _ _ _ _ _ _ _ cuando llegaron.

h, If it had been good weather, we would have taken a field trip.

Si hubiera hecho buen tiempo, _ _ _ _ _ _ _ _ una excursión.

Workout 81: a. había comprado b. habían aterrizado c. Habrías tenido d. había dormido e. Habríamos llegado, hubiera salido/partido f. habrías tenido g. habían asistido h. hubieran contestado, habrían aprobado

81. ¡FORMAS COMPUESTAS! Insert the correct compound form of the verb.

a. Francisco had already bought the car when we visited him.
   Francisco ya _ _ _ _ _ _ _ _ el coche cuando lo visitamos.

b. When I arrived at the airport, my parents had already landed.
   Cuando llegué al aeropuerto, mis padres ya _ _ _ _ _ _ _ _.

c. You (familiar) would have to wait.
   _ _ _ _ _ _ _ _ que esperar.

d. That day I was very tired because I hadn't slept the whole night.
   Aquel día estaba muy cansado porque no _ _ _ _ _ _ _ en toda la noche.

e. We would have arrived on time if the train had not left late.
   _ _ _ _ _ _ _ a tiempo si el tren no _ _ _ _ _ _ _ _ con retraso.

f. This game you would have had to see.
   Este partido _ _ _ _ _ _ _ _ que ver tú.

g. Approximately 500 people had attended the meeting.
   Aproximadamente 500 personas _ _ _ _ _ _ _ _ a la reunión.

h. If you had answered all the questions, you would have passed the exam.
   Si _ _ _ _ _ _ _ _ todas las preguntas, Uds. _ _ _ _ _ _ _ _ el examen.

82. ¿FORMAS COMPUESTAS? Select the correct sentence.

a. *He would have bought it.*

1. ⬡ Lo había comprado.
2. ⬡ Lo habría comprado.
3. ⬡ Lo habrá comprado.

b. *She will have done it.*

1. ⬡ Lo habrá hecho.
2. ⬡ Lo habré hecho.
3. ⬡ Lo habréis hecho.

c. *He will have missed the train.*

1. ⬡ Habrás perdido el tren.
2. ⬡ Habrán perdido el tren.
3. ⬡ Habrá perdido el tren.

d. *We will have left already.*

1. ⬡ Ya habrán partido.
2. ⬡ Ya habremos partido.
3. ⬡ Ya habré partido.

e. *They will have already arrived.*

1. ⬡ Ya habrán llegado.
2. ⬡ Ya habréis llegado.
3. ⬡ Ya habrá llegado.

f. *Paco will have finished the work.*

1. ⬡ Paco había terminado el trabajo.
2. ⬡ Paco habrás terminado el trabajo.
3. ⬡ Paco habrá terminado el trabajo.

Workout 83: a. 3 b. 1 c. 3 d. 3 e. 1 f. 2

83. ¿FORMAS COMPUESTAS? Choose the correct sentence.

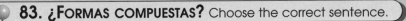

a. *I would have accepted the money.*

1. ⌣ Yo habrías aceptado el dinero.
2. ⌣ Yo habriamos aceptado el dinero.
3. ⌣ Yo habría aceptado el dinero.

b. *Paco wouldn't have accepted it.*

1. ⌣ Paco no lo habría aceptado.
2. ⌣ Paco no lo habríais aceptado.
3. ⌣ Paco no lo habrían aceptado.

c. *Would they have accepted it?*

1. ⌣ ¿Lo habríamos aceptado?
2. ⌣ ¿Lo habríais aceptado?
3. ⌣ ¿Lo habrían aceptado?

d. *Today I've bought a new car.*

1. ⌣ Hoy ha comprado un nuevo coche.
2. ⌣ Hoy has comprado un nuevo coche.
3. ⌣ Hoy he comprado un nuevo coche.

e. *We have arrived in Austin.*

1. ⌣ Hemos llegado a Austin.
2. ⌣ Habéis llegado a Austin.
3. ⌣ Han llegado a Austin.

f. *They have stolen the jewels.*

1. ⌣ Ha robado las joyas.
2. ⌣ Han robado las joyas.
3. ⌣ Hemos robado las joyas.

84. ¿LA NEGACIÓN? Mark the correct meaning.

a. *I have no hope.*

1. ○ Tengo no esperanza.
2. ○ No tengo no esperanza.
3. ○ No tengo esperanza.

b. *No one has said that.*

1. ○ No persona ha dicho eso.
2. ○ Ninguna persona ha dicho eso.
3. ○ Ninguna persona no ha dicho eso.

c. *They haven't written to us.*

1. ○ No nos han escrito.
2. ○ Nos han no escrito.
3. ○ Nos no han escrito.

d. *Raúl hasn't told it to me.*

1. ○ Raúl me lo no ha dicho.
2. ○ Raúl me no lo ha dicho.
3. ○ Raúl no me lo ha dicho.

e. *I hardly managed it.*

1. ○ Lo apenas he conseguido.
2. ○ Apenas lo he conseguido.
3. ○ Lo he apenas conseguido.

f. *I've never believed you.*

1. ○ Nunca te he creído.
2. ○ Te he nunca creído.
3. ○ Te nunca he creído.

Workout 85: a. nada b. nunca c. ningún d. nunca, nadie e. Nunca, nada, nadie
f. No, ningún g. Nunca/Jamás en mi vida h. no, nada/en absoluto

85. ¿LA NEGACIÓN? Insert the correct negatives.

a. More than anything, I love Mexican food.

    Más que _ _ _ _ _ _ _ me encanta la comida mexicana.

b. Now he earns more than ever.

    Ahora gana más que _ _ _ _ _ _ _ .

c. In the United States I live better than in any other country.

    En Estados Unidos vivo mejor que en _ _ _ _ _ _ _ otro país.

d. I have never found anyone with that ability.

    No he encontrado _ _ _ _ _ _ _ a _ _ _ _ _ _ _ con esa capacidad.

e. They never talk about anything with anyone.

    _ _ _ _ _ _ _ hablan de _ _ _ _ _ _ _ con _ _ _ _ _ _ _ .

f. I have no money.

    _ _ _ _ _ _ _ tengo _ _ _ _ _ _ _ dinero.

g. Never in my life have I seen a prettier person than she.

    _ _ _ _ _ _ _ _ _ he visto a una persona más bonita que ella.

h. We don't like that at all.

    Eso _ _ _ _ _ _ _ nos gusta _ _ _ _ _ _ _ _ _ .

86. ¿LA NEGACIÓN? Negate these sentences by adding the correct prefix.

a. *Los jugadores luchan _ _ _ _placablemente.*

b. *Raúl se vio en la situación para _ _ _ _mentir la imagen de él.*

c. *Las personas atrevidas _ _ _ _ precian los peligros.*

d. *Fuera de ese papel, el actor parece _ _ _ _cómodo.*

e. *Los defensores _ _ _ _ampararon la fortaleza ante el ataque enemigo.*

f. *No han podido _ _ _ _acoplar el vehículo espacial de la nave.*

g. *Su conducta es totalmente _ _ _ _moral.*

h. *Los beneficios de la caridad son _ _ _ _ tangibles.*

i. *En clase siempre está _ _ _ _sente.*

j. *Está ante la _ _ _ _yuntiva de irse o quedarse.*

k. *Los sindicatos están _ _ _ _conformes con el plan de trabajo.*

l. *Esta página es _ _ _ _legible, las letras están borrosas.*

m. *Los padres han estado muy _ _ _ _pacientes con el niño.*

n. *Conquistaba a las muchachas con una _ _ _ _imitable sonrisa.*

o. *El comportamiento del jugador es _ _ _ _racional.*

Workout 87: a. 2 b. 1 c. 3 d. 2 e. 1 f. 3

Workout 86: a. implacablemente b. desmentir c. desprecian d. incómodo
e. desampararon f. desacoplar g. amoral/inmoral h. intangibles i. ausente j. disyuntiva
k. disconformes/inconformes l. ilegible m. impacientes n. inimitable o. irracional

87. ¿LA NEGACIÓN? Choose the correct Spanish negative.

a. *I have no interest whatsoever.*

1. ○ No tengo algún interés.
2. ○ No tengo interés alguno.
3. ○ Tengo no algún interés.

b. *I have seen no one.*

1. ○ No he visto a persona alguna.
2. ○ He visto a persona alguna.
3. ○ He visto a ninguna persona.

c. *It's no problem.*

1. ○ Hay problema ninguno.
2. ○ Ninguno problema hay.
3. ○ No hay problema alguno.

d. *We also didn't know it.*

1. ○ Lo sabemos tampoco.
2. ○ No lo sabemos tampoco.
3. ○ No lo sabemos.

e. *No one wanted to help them.*

1. ○ Ninguna persona quiso ayudarle.
2. ○ Quiso ayudarle ningún persona.
3. ○ No persona quiso ayudarle.

f. *He doesn't even have a car.*

1. ○ Un coche tiene ni siquiera.
2. ○ Tiene ni siquiera un coche.
3. ○ No tiene ni siquiera un coche.

88. ¡LA VOZ PASIVA! Write in the correct passive form.

a. The parents are loved by their children.

   Los padres _ _ _ _ _ _ _ _ _ _ por sus hijos.

b. The damage to the car was discovered by Ernesto.

   El daño al coche _ _ _ _ _ _ _ _ _ por Ernesto.

c. Sandra was accompanied by her husband.

   Sandra _ _ _ _ _ _ _ _ _ _ de su marido.

d. The professor is esteemed by all the students.

   El catedrático _ _ _ _ _ _ _ _ _ _ de todos estudiantes.

e. The matador was killed by the bull.

   El matador _ _ _ _ _ _ _ _ _ _ por el toro.

f. I have been invited by the Portuguese ambassador.

   He _ _ _ _ _ _ _ _ _ _ por el embajador portugués.

g. I have been invited by my friends.

   Yo _ _ _ _ _ _ _ _ _ _ por mis amigos.

Workout 89: a. está conectado b. quedaron impresionados c. están firmados
d. fueron reparados e. está vendida f. fue destruida g. fue pagada

89. ¡LA VOZ PASIVA! Insert the passive in the correct form.

a. The television set is already hooked up.

El televisor ya _ _ _ _ _ _ _ _ _ .

b. Rolando and Ernesto were impressed by the view.

Rolando y Ernesto _ _ _ _ _ _ _ _ _ _ por el panorama.

c. The contracts are already signed.

Los contratos ya _ _ _ _ _ _ _ _ _ _ .

d. All the cars were already repaired by the mechanic.

Todos los coches ya _ _ _ _ _ _ _ _ _ _ por el mecánico.

e. The house is already sold.

La casa ya _ _ _ _ _ _ _ _ _ _ .

f. A large part of Lisbon was destroyed by a fire.

Gran parte de Lisboa _ _ _ _ _ _ _ _ _ _ por un incendio.

g. The check was paid by Alfredo.

La factura _ _ _ _ _ _ _ _ _ por Alfredo.

90. ¡LA VOZ PASIVA! Fill in the correct passive replacement using *se*.

a. The motorcycles were bought in the summer.

       _ _ _ _ _ _ _ _ _ _ las motos en el verano.

b. And in winter the motorcycles were sold again.

       Y las motos _ _ _ _ _ _ _ _ _ _ de nuevo en el invierno.

c. In Costa Rica, Spanish is spoken.

       En Costa Rica _ _ _ _ _ _ _ _ _ _ español.

d. The meal is served at one o'clock exactly.

       _ _ _ _ _ _ _ _ _ _ la comida a la una en punto.

e. Cars and motorcycles are rented here.

       Aquí _ _ _ _ _ _ _ _ _ _ coches y motos.

f. Two hundred people were hurt in the panic.

       Doscientas personas _ _ _ _ _ _ _ _ _ _ con el pánico.

g. This political party is favored.

       _ _ _ _ _ _ _ _ _ _ este partido político.

Workout 91: a. ha sido enviada b. ha sido edificado c. había sido visto d. Fueron destruidas e. han sido reemplazados f. ha sido firmada g. fueron construidos

91. LA VOZ PASIVA Complete these sentences in the passive voice.

a. Se ha enviado la carta por correo aéreo.

   La carta _ _ _ _ _ _ _ _ _ _ _ por correo aéreo.

b. Se ha edificado aquel palacio-hotel hace un año.

   Aquel palacio-hotel _ _ _ _ _ _ _ _ _ hace un año.

c. Se había visto el accidente de aviación desde el pueblecito de Huesca.

   El accidente de aviación _ _ _ _ _ _ _ _ _ desde el pueblecito de Huesca.

d. Se destruyeron 100 hectáreas de pinos a causa de un terrible incendio.

   _ _ _ _ _ _ _ _ 100 hectáreas de pinos a causa de un terrible incendio.

e. Se han reemplazado los empleados del banco por gente joven.

   Los empleados del banco _ _ _ _ _ _ _ _ _ por gente joven.

f. Se ha firmado la paz en Caracas por los Ministros de Asuntos Exteriores.

   La paz _ _ _ _ _ _ _ en Caracas por los Ministros de Asuntos Exteriores.

g. Estos edificios se construyeron en el año 1940.

   Estos edificios _ _ _ _ _ _ _ _ _ _ _ en el año 1940.

92. LA VOZ PASIVA Fill in the passive form.

a. El libro fue escrito en 1984.

_ _ _ _ _ _ _ _ _ _ el libro en 1984.

b. Los cinco condominios fueron vendidos en el otoño.

_ _ _ _ _ _ _ _ _ _ los cinco condominios en el otoño.

c. Los presentes fueron invitados.

_ _ _ _ _ _ _ _ _ _ a los presentes.

d. Ellos fueron invitados a una copa.

_ _ _ _ _ _ _ _ _ _ a una copa.

e. La votación del consejo directivo ha sido anulada.

_ _ _ _ _ _ _ _ _ _ la votación del consejo directivo.

f. En esta carnicería es vendida la carne de cerdo muy barata.

En esta carnicería _ _ _ _ _ _ _ _ _ _ la carne de cerdo muy barata.

g. Los objetos perdidos no fueron hallados.

No _ _ _ _ _ _ _ _ _ _ los objetos perdidos.

Workout 93: a. El jugador recogió la pelota. b. Los negociadores han presentado las conclusiones. c. Mi primo publicará un trabajo el año que viene. d. Visitaron a los enfermos. e. El juez pronunció la sentencia. f. El delegado abrió la sesión. g. El general dirigió a los soldados.

93. LA VOZ PASIVA Turn these passive sentences into active forms.

a. La pelota fue recogida por el jugador.

_____.

b. Las conclusiones han sido presentadas por los negociadores.

_____.

c. Un trabajo será publicado por mi primo el año que viene.

_____.

d. Los enfermos fueron visitados.

_____.

e. La sentencia fue pronunciada por el juez.

_____.

f. La sesión fue abierta por el delegado.

_____.

g. Los soldados fueron dirigidos por el general.

_____.

94. ¡LAS PREPOSICIONES! Insert the correct prepositions.

a. Gustavo se acuerda _ _ _ _ _ _ _ las vacaciones.

b. Nos alegramos _ _ _ _ _ _ _ verte.

c. Sandra sueña _ _ _ _ _ _ _ la fiesta.

d. Una mesa consta _ _ _ _ _ _ _ una tabla y cuatro patas.

e. Pregunté _ _ _ _ _ _ _ su estado de salud.

f. Esta tarde prefiero quedarme _ _ _ _ _ _ _ casa.

g. Acertamos _ _ _ _ _ _ _ la calle.

h. Por fin me he decidido _ _ _ _ _ _ _ terminar la discusión.

i. El acusado se presentó _ _ _ _ _ _ _ el juez.

j. Las madres luchan _ _ _ _ _ _ _ la desesperación.

k. Gustavo y Adolfo llegan _ _ _ _ _ _ _ sus novias.

l. Trabajo en esta empresa _ _ _ _ _ _ _ veinte años.

m. María se halla _ _ _ _ _ _ _ dos hombres.

n. Isabel y Olga van _ _ _ _ _ _ _ la ciudad.

o. Salimos _ _ _ _ _ _ _ Salamanca.

Workout 95: a. sobre b. contra c. para d. a, entre e. ante f. a g. para h. hasta
i. Después del/Con, contra j. tras k. a, para l. en, contra, por m. delante de n. al, de o. de

95. ¡LAS PREPOSICIONES! Write in the correct preposition.

a. Estamos volando _ _ _ _ _ _ _ las montañas.

b. Empiezan una campaña _ _ _ _ _ _ _ el cáncer.

c. Ya puedes reservar tus billetes _ _ _ _ _ _ _ el concierto.

d. El boxeador se vuelve _ _ _ _ _ _ _ encontrar _ _ _ _ _ _ _ la espada y la pared.

e. El soldado no se acobarda _ _ _ _ _ _ _ el enemigo.

f. El acusado regresa _ _ _ _ _ _ _ la cárcel.

g. Hay nuevas esperanzas _ _ _ _ _ _ _ el equipo de fútbol.

h. La condena podría subir _ _ _ _ _ _ _ los 20 años de prisión.

i. _ _ _ _ _ el último combate _ _ _ _ _ Campos, Óscar Joya ganó 1.500 millones de pesos.

j. Fumabas un cigarro _ _ _ _ _ _ _ otro.

k. Salimos tarde, pero llegamos _ _ _ _ _ tiempo _ _ _ _ _ _ la ceremonia.

l. Podría pelear _ _ _ _ _ Las Vegas, _ _ _ _ _ _ _ un rival que queda _ _ _ _ _ decidir.

m. No vi nada porque un hombre enorme se sentó _ _ _ _ _ _ _ mí.

n. La capilla queda _ _ _ _ _ lado _ _ _ _ _ _ la catedral.

o. Se destacó como líder _ _ _ _ _ _ _ la pandilla.

a. He llamado **para/por** felicitarte.

b. Mi hermano estudia **para/por** ser ingeniero.

c. El edificio fue construido **para/por** un buen arquitecto.

d. Mañana vamos a Los Ángeles **para/por** Anaheim.

e. Tenemos un mensaje **para/por** Eduardo.

f. ¿Vuestro candidato no salió **para/por** congresista?

g. Lo he sabido **para/por** tu cuñado.

h. Acabamos las obras **para/por** la Semana Santa.

i. ¿Quién eres tú **para/por** darme órdenes?

j. Mañana **para/por** la mañana vamos a Guatemala.

k. Tienen muchos asuntos **para/por** resolver.

l. **Para/Por** mí es un trabajo normal.

m. ¿**Para/Por** qué no te has marchado?

n. Me llevaré el jersey **para/por** si acaso hace frío.

o. El alcalde lo prometió **para/por** los votantes.

Workout 97: a. Según b. sobre/encima de c. Entre d. de, con/sin e. por f. con g. ante h. para/de i. a, sin j. para k. según l. a m. con, contra n. entre o. en, de

97. ¡LAS PREPOSICIONES! Insert the correct preposition.

a. _ _ _ _ _ _ _ la policía, el accidente ocurrió en la cruce.

b. La revista está _ _ _ _ _ _ _ la mesa.

c. _ _ _ _ _ _ _ Eduardo y Francisco hay mala sangre.

d. Ramón irá _ _ _ _ _ vacaciones _ _ _ _ _ _ la familia.

e. La vitrina está rota _ _ _ _ _ _ _ mi culpa.

f. Matilde e Inés trabajan _ _ _ _ _ _ _ entusiasmo.

g. Tuvimos que retroceder _ _ _ _ _ _ _ el fuerte ataque enemigo.

h. Me gusta tu método _ _ _ _ _ _ _ aprender español.

i. ¡Ven _ _ _ _ _ probar _ _ _ _ _ ningún compromiso!

j. La elección es la primera prueba _ _ _ _ _ _ _ el nuevo candidato.

k. Ésta es la moral, _ _ _ _ _ _ _ Álvarez Cascos.

l. Es un maestro que enseña _ _ _ _ _ _ _ estudiantes mayores.

m. Nos sentimos seguros _ _ _ _ _ _ _ la protección _ _ _ _ _ _ _ incendios.

n. El juez busca un pacto _ _ _ _ _ los liberales y los conservadores.

o. Sólo me tardo diez minutos _ _ _ _ _ _ _ salir _ _ _ _ _ _ _ la casa.

98. ¡LAS PREPOSICIONES! Fill in the correct preposition.

a. *Cada cuerpo consiste _ _ _ _ _ _ _ millones _ _ _ _ _ _ _ células.*

b. *Nuestro candidato fue el primero _ _ _ _ cumplir _ _ _ _ sus promesas.*

c. *Es una marcha lenta _ _ _ _ _ _ _ la competencia.*

d. *Nos entregó un informe _ _ _ _ _ _ _ la industria petrolera.*

e. *¿Bajará el precio _ _ _ _ _ _ _ gas?*

f. *La nueva empresa introduce competencia _ _ _ _ _ _ _ la región.*

g. *Las ayudas han sido decisivas _ _ _ _ _ _ _ la instalación de la fábrica.*

h. *La nueva fábrica está _ _ _ _ _ _ _ 100 kilómetros _ _ _ _ _ _ _ México.*

i. *La compañía reduce su tamaño _ _ _ _ _ _ _ bajar los gastos.*

j. *La empresa reducirá empleos temporales _ _ _ _ _ _ _ cinco años.*

k. *La liberalización coexiste _ _ _ _ _ _ _ un proceso _ _ _ _ _ _ _ concentración.*

l. *Hay que tomar medidas _ _ _ _ _ _ _ proteger la propiedad intelectual.*

m. *El perezoso sacó los datos _ _ _ _ _ _ _ la enciclopedia.*

n. *Crearon una página "web" _ _ _ _ _ _ _ cantantes latinos.*

o. *Nuestra empresa ha empezado _ _ _ _ _ _ _ fabricar muebles _ _ _ _ _ _ _ Nicaragua.*

Workout 99: a. en b. de c. en d. en e. de f. al g. a h. a i. de, a j. en k. de, de
l. a m. de, en n. de o. de, en

99. ¿EN, DE, A? Choose the right preposition.

a. Había graves irregularidades **en/de/a** el contrato.

b. Jordan fue el rey **en/de/a** la NBA.

c. Desafortunadamente, ese autor no cree **en/de/a** nada.

d. El príncipe Abdalá asume el poder **en/de/a** Jordania.

e. Los drogadictos abusan **en/de/a** las drogas.

f. Hay que castigar **en/de/al** (el) dictador inhumano.

g. Por fin los antibióticos llegaron **en/de/a** la clínica.

h. Los niños hacen temblar **en/de/a** la maestra.

i. Hace falta la ayuda **en/de/a** la Cruz Roja **en/de/a** las víctimas.

j. Por el alcohol la fiesta terminó **en/de/a** tragedia.

k. Estamos en el punto **en/de/a** partida **en/de/a** una nueva época.

l. Es fácil imaginar contra quien cree Juan proteger **en/de/a** su familia.

m. Me olvidé **en/de/a** que tenías invitados **en/de/a** casa.

n. Los alumnos flojos prefieren jugar **en/de/a** estudiar.

o. La selección **en/de/a** videos **en/de/a** la tienda es lamentable.

100. ¿ANTE, ENTRE, PARA, POR O TRAS? Select the appropriate preposition.

a. Falta el plan que usted busca _ _ _ _ _ _ _ disfrutar de las vacaciones.

b. Es un plan que le asegura la mejor garantía _ _ _ _ _ la invalidez transitoria.

c. Aquellos hombres, _ _ _ _ _ _ _ suerte, nos apoyarán siempre.

d. Se escondió _ _ _ _ _ _ _ la maleza.

e. El escritor ha obtenido el premio _ _ _ _ _ _ _ su excelente reportaje.

f. ¿Qué hacer _ _ _ _ _ _ _ la miseria de los refugiados?

g. En la caída del cabello no lo des todo _ _ _ _ _ _ _ perdido.

h. _ _ _ _ _ _ _ años de investigación, el laboratorio ha descubierto un remedio.

i. No existe una solución definitiva _ _ _ _ _ _ _ la caída del cabello.

j. Hemos usado un remedio _ _ _ _ _ _ _ otro sin resultado.

k. Estábamos vencidos _ _ _ _ _ _ _ la fuerza superior de los rivales.

l. La aerolínea prepara un plan _ _ _ _ _ _ _ situarse _ _ _ _ _ _ _ los grandes.

m. La intención es multiplicar las rutas _ _ _ _ _ _ _ cuatro en cinco años.

n. _ _ _ _ _ _ _ una vez que acierta, se equivoca cien veces.

o. Tenemos todos los ingredientes _ _ _ _ _ _ _ preparar un guisado sabroso.

Workout 101: a. por b. de/por c. sobre d. contra e. para f. a, por g. para h. por, para/de
i. sobre j. hacia k. para l. entre m. en n. entre o. en, por

101. ¿LAS PREPOSICIONES? What is the correct preposition?

a. El tipo que pasaba _ _ _ _ _ _ _ allí fue el culpable.

b. Me preocupo _ _ _ _ _ _ _ _ la situación económica.

c. La película _ _ _ _ _ _ _ _ la inquietud juvenil fue un fracaso.

d. Una pistola no te protege _ _ _ _ el uso descuidado.

e. Propone una reforma federal _ _ _ _ _ _ _ consolidar las fuerzas armadas.

f. Hemos criticado _ _ _ _ _ los jefes _ _ _ _ _ _ _ su actitud superior.

g. Los jefes fueron despedidos _ _ _ _ _ _ _ reducir los gastos.

h. Las compañías están optando _ _ _ _ _ un método drástico _ _ _ _ _ ganar mas.

i. Presentó las teorías del psicólogo _ _ _ _ _ _ _ la inteligencia.

j. Al despegarse, el cohete voló _ _ _ _ _ _ _ el espacio.

k. Hay nuevas esperanzas _ _ _ _ _ _ _ el país.

l. Continúan las negociaciones _ _ _ _ _ _ _ el sindicato y la compañía.

m. Estas empresas invierten _ _ _ _ _ _ _ ideas avanzadas.

n. Colocaron los columpios _ _ _ _ _ _ _ el roble y el olmo.

o. Seguimos _ _ _ _ _ _ _ marcha _ _ _ _ _ _ _ la gran carretera.

102. ¿CON O SIN? Choose the right preposition.

a. Es el plan de su autonomía **con/sin** la máxima seguridad.

b. **Con/Sin** pretender una perfección que, **con/sin** embargo, está ahí.

c. **Con/Sin** esta pasta dentífrica te brillarán los dientes.

d. Por fin, es una ampliación **con/sin** problemas.

e. Los préstamos vienen **con/sin** unas condiciones exigentes.

f. Al mar hay que tratarlo **con/sin** naturalidad.

g. Ramón ha culminado **con/sin** éxito su carrera, pues, ha merecido el mayor respeto.

h. Ricardo trabajó once años en la empresa **con/sin** reclamaciones.

i. Eugenia pelea **con/sin** los propietarios deshonestos.

j. El obrero salió **con/sin** que lo vieran.

k. A él le basta **con/sin** mirarlo.

l. No me voy **con/sin** ver a Enrique.

m. Toda su vida Rosalía estudió **con/sin** maestro; es decir, es autodidacta.

n. ¡Limpia la casa **con/sin** Pristino, ahora **con/sin** amoniaco!

o. Agustín ha estado un mes **con/sin** fumar.

Workout 103: a. hacia b. de c. a, con d. en e. por f. hasta g. a, a h. por, en
i. hacia j. de, en k. hasta l. a m. para n. a, de o. en, en

103. ¡LAS PREPOSICIONES! Write in the correct preposition.

a. ¡No! El campamento está más _ _ _ _ _ _ _ el oeste, no el este.

b. Soy el perfecto compañero _ _ _ _ _ _ _ viaje.

c. Íbamos _ _ _ _ _ _ _ hablar _ _ _ _ _ _ _ los obreros del puerto.

d. Pero tampoco intervine _ _ _ _ _ _ _ una lucha.

e. Un escritor es una persona que, _ _ _ _ _ _ _ tanto, quiere cambiar el mundo.

f. Inés se quedará con nosotros _ _ _ _ _ _ _ el martes.

g. Gracias _ _ _ _ _ _ _ la computadora, escribir _ _ _ _ _ _ _ mano me cuesta trabajo.

h. Los sábados _ _ _ _ la mañana, mis hijos no me dejan _ _ _ _ paz.

i. Su actitud _ _ _ _ _ _ _ los estudios ha sido siempre muy positiva.

j. Gana 100.000 dólares al mes _ _ _ _ _ _ hoy _ _ _ _ _ _ adelante.

k. Jorge, Miguel y Federico esperarán _ _ _ _ _ _ _ las nueve.

l. Lo he escrito _ _ _ _ _ _ _ ritmo rápido.

m. Un escritor es una persona que no sirve _ _ _ _ _ _ _ nada.

n. El lobo se acercó _ _ _ _ _ _ _ la oveja más débil _ _ _ _ _ _ _ la manada.

o. Diego insiste _ _ _ _ _ _ _ gastar su dinero _ _ _ _ _ _ _ el hipódromo.

104. ¡LAS PREPOSICIONES! Insert the right preposition.

a. Camus es uno _ _ _ _ _ _ _ esos autores.

b. Lo pequeño _ _ _ _ _ _ fuera se hace grande _ _ _ _ _ _ _ dentro.

c. Rompe _ _ _ _ _ _ todo, ahora tienes el auto _ _ _ _ _ _ tus sueños.

d. Vargas Llosa se ha destacado tanto _ _ _ _ _ la literatura como _ _ _ _ _ la política.

e. Mistral expuso sus temas _ _ _ _ _ _ _ un lenguaje claro.

f. _ _ _ _ _ _ _ el profesor, García Márquez es un gran escritor.

g. Gladys compró un centro _ _ _ _ entretenimiento _ _ _ _ sólo 99 dólares.

h. Lo cuenta como un momento _ _ _ _ _ gozo y _ _ _ _ _ exaltación.

i. Bioy dijo una vez que el objetivo _ _ _ _ _ su vida había consistido _ _ _ _
armar _ _ _ _ _ las mujeres y _ _ _ _ _ encontrar una estratagema _ _ _ _ _
evitar la muerte.

j. Luego, _ _ _ _ _ la penicilina y la higiene, la vida se alarga.

k. Es la diferencia _ _ _ _ _ _ _ hombres y mujeres.

l. El ladrón no tomó _ _ _ _ _ cuenta la furia _ _ _ _ su víctima.

Workout 105: a. 2 b. 1 c. 3 d. 1 e. 2 f. 3

Workout 104: a. de b. por, por c. con, de d. en, en e. en f. Según g. de, por
h. de, de i. de, en, a, en, para j. con k. entre l. en, de

105. OBJETO DIRECTO Which sentence has the correct accusative object?

a. I'm waiting for Cristina.

1. ⏾ Estoy esperando Cristina.
2. ⏾ Estoy esperando a Cristina.
3. ⏾ Estoy esperando en Cristina.

b. Sandra praises Francisco.

1. ⏾ Sandra elogia a Francisco.
2. ⏾ Sandra elogia Francisco.
3. ⏾ Sandra elogia de Francisco.

c. I love my dog Rocky.

1. ⏾ Quiero mi perro Rocky.
2. ⏾ Quiero en mi perro Rocky.
3. ⏾ Quiero a mi perro Rocky.

d. Federico praises the mother.

1. ⏾ Federico elogia a la madre.
2. ⏾ Federico elogia la madre.
3. ⏾ Federico elogia en la madre.

e. The maid is serving tea.

1. ⏾ La criada sirve al té.
2. ⏾ La criada sirve el té.
3. ⏾ La criada sirve del té.

f. The officer searches for the thief.

1. ⏾ El comisario busca del ladrón.
2. ⏾ El comisario busca el ladrón.
3. ⏾ El comisario busca al ladrón.

106. ¿EL COMPLEMENTO DIRECTO? Insert the missing object.

a. The woman has two sons and one daughter.
   La mujer tiene _ _ _ _ _ _ _ _ _ _ y _ _ _ _ _ _ _ _ .

b. The company is looking for a worker (anyone).
   La empresa busca _ _ _ _ _ _ _ _ _ _ .

c. The party is awaiting the result of the elections.
   El partido está esperando _ _ _ _ _ _ _ _ _ _ de las elecciones.

d. The company is looking for a worker (with special qualifications).
   La empresa busca _ _ _ _ _ _ _ _ _ _ .

e. José Luis has two brothers and two sisters.
   José Luis tiene _ _ _ _ _ _ _ _ _ _ y _ _ _ _ _ _ _ _ _ _ .

f. The Spaniards love Spain.
   Los españoles quieren _ _ _ _ _ _ _ _ _ _ .

g. Juan Ramón and Elena are calling another doctor.
   Juan Ramón y Elena llaman _ _ _ _ _ _ _ _ _ _ .

Workout 107: a. No sólo...sino también b. ni c. Tanto...como d. tampoco e. Ni...ni
f. o g. O...o h. aunque i. o...o j. cuando k. no obstante/sin embargo
l. pero m. hasta que n. e o. pues/porque

107. ¿LAS CONJUNCIONES? Fill in the correct conjunction.

a. _ _ _ _ _ _ han robado el coche _ _ _ _ _ _ la computadora.

b. Enrique no me escribe _ _ _ _ me llama por teléfono.

c. _ _ _ _ _ Ramón _ _ _ _ _ Rodolfo son de Oviedo.

d. No viene él, _ _ _ _ _ _ _ _ viene su hermana.

e. _ _ _ _ _ Rodrigo _ _ _ _ Francisco lo quieren.

f. He llamado por teléfono seis _ _ _ _ _ siete veces.

g. _ _ _ _ _ vengan conmigo _ _ _ _ _ quédense aquí.

h. Compré un auto nuevo _ _ _ _ costó mucho dinero.

i. Vamos a comprar los libros _ _ _ en Oviedo _ _ _ en Gijón.

j. Siempre visita a su mamá _ _ _ _ tiene hambre.

k. La computadora es barata, _ _ _ _ _ _ _ _ , no la compra.

l. Laura habló, _ _ _ _ _ _ _ _ nadie escuchó.

m. Los niños gritaban _ _ _ _ _ _ _ _ llegó la maestra.

n. La excursión es para padres _ _ _ _ _ hijos.

o. Lo arreglamos, _ _ _ _ _ _ _ _ no había más remedio.

not only . . . but also

nor

both . . . and

nor/not either

neither . . . nor

or

either . . . or

even though

either . . . or

when

nevertheless

but

until

and

since/because

108. ¡LOS MODOS! Choose the indicative or subjunctive.

a. Cuando **tenga/tengo** el dinero, compraré el coche.

b. Antes que te **casas/cases,** mira lo que haces.

c. Cuando **tengamos/tenemos** el coche, transportamos las cosas.

d. Cuando **estoy/esté** enfermo, no trabajo.

e. Después de que **había salido/hubiera salido**, buscamos el dinero.

f. Desde que me **dedico/dedique** al deporte, estoy contento.

g. Tan pronto como lo **sabes/sepas** me informarás.

h. Mientras **haces/hagas** los ejercicios de escritura, José te arreglará la moto.

i. Antes de que **vuelves/vuelvas** a casa, compra la revista.

j. En cuanto **llegue/llegué**, se lo diré.

k. Cuando lo **vea/ve**, te llamaré.

l. Antes de que **sales/salgas** cierra la ventana.

m. Tan pronto como **habían salido/hubieran salido** comíamos.

n. El hombre está muy contento, desde que **tiene/tenga** trabajo.

o. Espero siempre hasta que Wilfredo **llama/llame** por teléfono.

Workout 109: a. Mi hija no estudia mucho; sin embargo saca buenas notas. b. Francisco y Federico son de Oviedo. c. Mi amor, o saca la basura o lava el coche. d. Elena y Dolores van a ir de vacaciones en el verano a el otoño. e. No tenemos tiempo, pues vamos/vámonos. f. Manuel tiene dolor de cabeza; por eso no puede pensar. g. Félix tiene dinero, así que puede pagar. h. Estudiaba hasta que llegaron mis amigos.

Workout 108: a. tenga b. cases c. tengamos d. estoy e. había salido f. dedico g. sepas
h. hagas i. vuelvas j. llegue k. vea l. salgas m. habían salido n. tiene o. llama

109. LAS CONJUNCIONES Make sentences with the Spanish subjunctive.

a. My daughter does not study much; nevertheless, she gets good grades.

_____.

b. Francisco and Federico are from Oviedo.

_____.

c. My love, either take out the trash or wash the car.

_____.

d. Elena and Dolores are going to take a vacation in summer or fall.

_____.

e. We don't have time, so let's go.

_____.

f. Manuel has a headache; therefore, he can't think.

_____.

g. Félix has money, so he can pay.

_____.

h. I was studying until my friends arrived.

_____.

110. ¿QUÉ MODO? Indicative or subjunctive—you choose!

a. Adolfo quiere que todos **trabajen/trabajan**.

b. Esta vez ha escrito de manera que **puedo/pueda** leer sus apuntes.

c. Rodolfo teme que no le **renuevan/renueven** el contrato.

d. Lo ha arreglado de manera que se **puede/pueda** conducir el coche.

e. Le ruego a Francisco que me lo **manda/mande**.

f. Estaban tan sorprendidos que no **pudieron/pudieran** decir ni una sola palabra.

g. Es difícil que mi hermana **cambie/cambia** de opinión.

h. Además, poco probable que mi hermano **hace/haga** eso.

i. Es urgente que **llames/llamas** al médico.

j. El profesor lo ha explicado de manera que **puedo/pueda** entenderlo.

k. Es mejor que **escribimos/escribamos** el informe mañana.

l. El médico me ha tratado de manera que ahora no **tengo/tenga** sufrimiento.

m. Es necesario que lo **hagamos/hacemos** mañana.

n. Es preciso que lo **haces/hagas** hoy.

o. Rodrigo dice que el abuelo ya lo **sabe/sepa**.

Workout 111: a. tiene b. hayan despedido c. hace d. haya tenido e. haga f. está
g. diga h. trabajes i. llueve j. preparaba k. hayan arreglado l. tenía
m. estemos n. llegó o. llegue

Workout 110: a. trabajen b. puedo c. renueven d. puede e. mande f. pudieron
g. cambie h. haga i. llames j. puedo k. escribamos l. tengo m. hagamos n. hagas
o. sabe

111. ¡LOS MODOS! Choose either indicative or subjunctive.

a. Vicente dice que Carola **tiene/tenga** mucho dinero.

b. Es injusto que **han despedido/hayan despedido** a Carlos.

c. Gustavo dice que la abuela lo **haga/hace**.

d. Es extraño que esa película **ha tenido/haya tenido** un gran éxito.

e. Mañana trabajaremos en el jardín, a no ser que **haga/hace** mal tiempo.

f. Mi hermano no habla bien el alemán, a pesar de que **está/esté** ya un año en Austria.

g. Tan pronto como lo **diga/dice** te llamaré.

h. Mientras **trabajes/trabajas**, prepararé yo la comida.

i. Como **llueve/llueva**, no tengo ganas de pasearme.

j. Mientras mi padre **preparaba/preparara** el coche, hacíamos las maletas.

k. Esperaremos hasta que **hayan arreglado/han arreglado** el coche.

l. Tan pronto **tenía/tuviera** dinero, volvieron los amigos.

m. Luego que **estemos/estamos** en casa, comeremos un poco.

n. En cuanto **llegó/llegara** el autobús, subió.

o. En cuanto **llegue/llega** el autobús se lo diré.

a,   If you don't want to, tell me.

1, ◡ Si estés sin ganas, dímelo.
2, ◡ Si estás sin ganas, dímelo.
3, ◡ Si estarás sin ganas, dímelo.

b,   According to what he says, he's ill.

1, ◡ Según lo que diga, está enfermo.
2, ◡ Según lo que dirá, está enfermo.
3, ◡ Según lo que dice, está enfermo.

c,   If the weather is good, we will go.

1, ◡ Si hace buen tiempo, vamos.
2, ◡ Si haga buen tiempo, vamos.
3, ◡ Si hará buen tiempo, vamos.

d,   In case it rains, we will stay here.

1, ◡ En caso de que llueva, quedamos.
2, ◡ En caso de que llueve, quedamos.
3, ◡ En caso de que lloverá, quedamos.

e,   I'll help you whenever I have money.

1, ◡ Os ayudo siempre que tengo dinero.
2, ◡ Os ayudo siempre que tenga dinero.
3, ◡ Os ayudo siempre que tendré dinero.

f,   As soon as he goes, I'll call you.

1, ◡ En cuanto se va, te llamaré.
2, ◡ En cuanto se irá, te llamaré.
3, ◡ En cuanto se vaya, te llamaré.

Workout 113: a. estoy b. comprenda c. hace d. estoy e. tengo f. ayude g. pueda h. es
i. va j. tengas k. está l. tenga m. tengo que n. pude o. tenga

113. LOS MODOS Indicative or subjunctive? Put the verb in the correct form.

a. Cuando (estar) _ _ _ _ _ _ _ enfermo, no me dedico al deporte.
b. El profesor le explica la práctica a fin de que se la (comprender) _ _ _ _.
c. Ya que (hacer) _ _ _ _ _ _ _ sol, vamos ahora.
d. Cuando (estar) _ _ _ _ _ _ _ de mal humor, no hablo con nadie.
e. Ya que (tener) _ _ _ _ _ _ _ dinero, me compro ahora la moto.
f. Voy al vecino a que me (ayudar) _ _ _ _ _ _ _ _ .
g. Va al hospital a que (poder) _ _ _ _ _ _ _ _ recobrar la salud.
h. La gente no tiene dinero, porque el gobierno (ser) _ _ _ _ _ _ incapaz.
i. La gente está sin esperanza, porque la situación (ir) _ _ _ _ _ _ de mal en peor.
j. Te ayudo para que no (tener) _ _ _ _ _ _ _ problemas.
k. Visto que la situación (estar) _ _ _ _ _ _ _ así, tenemos que ahorrar.
l. Voy al médico por miedo de que (tener) _ _ _ _ _ _ _ _ una enfermedad.
m. Ya que me siento débil, (tener que) _ _ _ _ _ _ _ _ acostarme un poco.
n. Corrió tan rápido que yo no (poder) _ _ _ _ _ _ _ seguir.
o. No es posible que yo (tener) _ _ _ _ _ _ _ _ suficiente dinero.

114. LOS MODOS Translate using the indicative or subjunctive mood.

a. I don't feel like it; nevertheless, I'm going to do it.

_____.

b. In the same way Tomás does it, you can do it too.

_____.

c. Sandra turned around so Raúl wouldn't see her tears.

_____.

d. No matter how difficult it may be, I will do it.

_____.

e. We were speaking quietly, so the children wouldn't wake up.

_____.

f. According to Juan Ramón, he is injured.

_____.

g. We were able to finish the driving class without it raining.

_____.

Workout 115: a. hubiera b. perdiera c. fuéramos d. hubieras e. lloviera f. fuera
g. se demostrara h. ordenaran i. hagas j. me invite k. nos hubiera dicho/nos dijera
l. hayas terminado/termines m. llueva n. se presente o. haya

115. ORACIONES CONDICIONALES Complete the sentences.

a. Si lo (haber) _ _ _ _ _ _ sabido, no habría venido.

b. Si (perder) _ _ _ _ _ _ esa oportunidad, no se le presentaría otra.

c. Si (ir) _ _ _ _ _ _ por ese camino, nos perderíamos.

d. Si (haber) _ _ _ _ escuchado mis consejos, no habrías tenido esos problemas.

e. El domingo iríamos de excursión, salvo si (llover) _ _ _ _ _ _.

f. Sólo si la crítica (ser) _ _ _ _ _ _ buena, iría a ver la película.

g. Creería su versión de los hechos, salvo si (demostrarse)_ _ _ _ lo contrario.

h. Lo haría sólo si me lo (ellos, ordenar) _ _ _ _ _ _.

i. Te aprobaré siempre y cuando (tú, hacer) _ _ _ _ _ _ un buen examen.

j. Le regalaré un ramo de rosas siempre y cuando (ella, invitarme) _ _ _ _ _ _.

k. Hubiéramos confiado en él siempre que (él, decirnos) _ _ _ _ _ _ la verdad.

l. Te llevaremos al cine siempre que (tú, terminar) _ _ _ _ _ _ de estudiar.

m. El campo de fútbol estará bien siempre que no (llover) _ _ _ _ _ _.

n. En el caso de que no (él, presentarse) _ _ _ _ _ al examen, no podrá aprobar.

o. En caso de que no (él, haber) _ _ _ _ _ _ venido antes de las dos, me iré.

116. ¿ANTES DE QUE O ANTES DE? Choose the right one.

a. _ _ _ _ _ _ _ _ _ _ _ _ (él, venir), tenemos que prepararle una sorpresa.

b. _ _ _ _ _ _ _ _ _ _ _ _ (yo, cruzar) la calle, miro a la derecha y a la izquierda.

c. Nos fuimos de casa _ _ _ _ _ _ _ _ _ _ (llegar, Juan).

d. _ _ _ _ _ _ _ _ _ _ _ _ (tú, ir), debes hacer la traducción del francés.

e. _ _ _ _ _ _ _ _ _ _ _ (yo, cerrar) la puerta, compruebo si he tomado las llaves.

f. _ _ _ _ _ _ _ _ _ _ _ (amanecer), tenemos que emprender el viaje.

g. Hay que irse _ _ _ _ _ _ _ _ _ _ (ellos, venir).

h. _ _ _ _ _ _ _ _ _ _ _ (él te lo, decir), yo ya lo sabía.

i. Hazlo _ _ _ _ _ _ _ _ _ _ (ser) demasiado tarde.

j. _ _ _ _ _ _ _ _ _ _ (volver) los niños, tenemos que ordenar la casa.

k. _ _ _ _ _ _ _ _ _ _ (él la, ver), ella se escondió detrás de la puerta.

l. _ _ _ _ _ _ _ _ _ _ (irte) de vacaciones, tengo que hablar contigo.

m. _ _ _ _ _ _ _ _ _ _ (tú, ir) a su casa, llama por teléfono para saber si está.

n. _ _ _ _ _ _ _ _ _ _ (tú, sentarte) a la mesa, tienes que lavarte las manos.

o. Llegamos a la estación _ _ _ _ _ _ _ _ _ _ _ (partir) el tren.

Workout 117: a. Después de que terminamos b. después que ... haya c. Después de venir d. Después de que ... había sido extinguido e. Después de comer f. Después de pasar g. Después de que vengas h. Después de comer i. después que sale j. Después de llegar k. después (de) que pase l. después de que ... hubo m. después de estudiar n. Después de llegar o. Después de hablar

Workout 116: a. Antes de que venga b. Antes de cruzar c. antes de que llegara/antes de llegar Juan
d. Antes de ir e. Antes de cerrar f. Antes de que amanezca g. antes de que vengan h. Antes de que te lo
dijera i. antes de que sea j. Antes de que vuelvan k. Antes de que la viera l. Antes de irte/Antes de que te
vayas m. Antes de ir n. Antes de sentarte o. antes de que partiera

117. ¿DESPUÉS (DE) QUE O DESPUÉS DE? Which is correct?

a. _ _ _ _ _ _ _ _ _ _ _ (nosotros, terminar) de comer, nos invitaron a tomar café.

b. Iremos a Lima, _ _ _ _ _ _ _ mi hermano _ _ _ _ _ _ _ (haber) terminado los exámenes.

c. _ _ _ _ _ _ _ _ _ (ella, venir) de California, se puso a enseñar inglés.

d. _ _ _ _ _ _ _ _ _ el fuego _ _ _ _ _ (ser extinguido), aún perduraba un humo negro.

e. _ _ _ _ _ _ _ _ _ (nosotros, comer) nos echamos la siesta.

f. _ _ _ _ _ _ _ _ _ (yo, pasar) el control de pasaportes, le dije adiós con la mano.

g. _ _ _ _ _ _ _ _ _ (tú, venir), hablaremos del asunto.

h. _ _ _ _ _ _ _ _ _ (ellos, comer), se fueron de paseo.

i. Nos ponemos en camino _ _ _ _ _ _ _ _ _ _ (salir) el sol.

j. _ _ _ _ _ _ _ _ _ (él, llegar) de trabajar a las nueve, no tenía ganas de salir.

k. Quedará buen día _ _ _ _ _ _ _ _ _ (pasar) la tormenta.

l. Fuimos a Lima _ _ _ _ _ _ _ _ _ Juan _ _ _ _ _ _ _ _ _ (haber) terminado sus exámenes.

m. Ceno _ _ _ _ _ _ _ _ _ (yo, estudiar) las lecciones.

n. _ _ _ _ _ _ _ _ _ (ella, llegar) a casa, me llamó.

o. _ _ _ _ _ _ _ _ _ (él, hablar), se dio cuenta de su error.

118. ¡CONJUNCIONES QUE RIGEN SUBJUNTIVO! Insert the correct form.

a. Juan hizo la comida para que su madre no _ _ _ _ _ (trabajar) tanto.

b. Yo me levantaré a fin de que tú _ _ _ _ _ (poder) dormir algo más.

c. Podréis ir de excursión siempre que no _ _ _ _ _ (llover).

d. Como quiera que _ _ _ _ _ (haber) sido, en este caso usted no tiene razón.

e. Describió el accidente como si _ _ _ _ _ (haber) sucedido ayer mismo.

f. Murió sola, sin que nadie le _ _ _ _ _ (dirigir) una palabra de consuelo.

g. No pienses en salir hasta que _ _ _ _ _ (terminar) las tareas escolares.

h. Me mira como si no me _ _ _ _ _ (conocer).

i. No puedo hablar sin que tú me _ _ _ _ _ (interrumpir).

j. Te dejé mis discos con tal que me los _ _ _ _ _ (devolver).

k. Te podrás quedar con nosotros siempre que te _ _ _ _ _ (callar).

l. Se lo cuento para que usted lo _ _ _ _ _ (saber).

m. Aunque _ _ _ _ _ (estar) cansado, no impide que hagas un esfuerzo.

n. Con que me _ _ _ _ _ (tú, ayudar) al principio, sabré terminar el trabajo solo.

o. Sin que nadie _ _ _ _ _ (darse) cuenta, entró de puntillas una enfermera.

Workout 119: a. paguen b. moleste c. vea d. sea e. digas f. explique g. arregle h. crucen i. cruzaran j. crezcan k. leas l. conocieran/conozcan m. devuelvas n. puedas o. acompañara

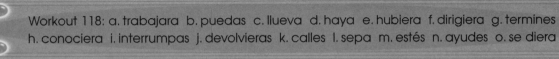

119. ORACIONES FINALES Fill in the correct verb form.

a. Haz favores para que te los _ _ _ _ _ _ _ _ _ (ellos, pagar) así.

b. Para que no me _ _ _ _ _ _ _ _ _ (molestar) más, le regalaré bombones.

c. Acércate que te _ _ _ _ _ _ _ _ _ (yo, ver).

d. Hay que unirlos para que _ _ _ _ _ _ _ _ _ (ser) posible designar un sucesor.

e. Insisto en que me _ _ _ _ _ _ _ _ _ (tú, decir) la verdad.

f. Ven con tu problema a que te lo _ _ _ _ _ _ _ _ _ (yo, explicar).

g. Tráeme tu reloj para que te lo _ _ _ _ _ _ _ _ _ (yo, arreglar).

h. El policía detiene los coches para que _ _ _ _ _ _ _ _ _ (cruzar) los peatones.

i. El policía detuvo los coches para que _ _ _ _ _ _ _ _ _ (cruzar) los peatones.

j. Regamos las plantas para que _ _ _ _ _ _ _ _ _ (crecer).

k. Te he traído una novela para que la _ _ _ _ _ _ _ _ _ (leer).

l. Invitamos a nuestros amigos para que _ _ _ _ _ _ _ _ _ (conocer) nuestra casa.

m. Vengo a que me _ _ _ _ _ _ _ _ _ (tú, devolver) los libros.

n. Te prestaré el dinero a fin de que _ _ _ _ _ _ _ _ _ (poder) pagar tus deudas.

o. Me llamó para que la _ _ _ _ _ _ _ _ _ (acompañar) a la fiesta.

120. ¿PARA QUE O PARA? Choose one.

a. _____ (escribir) bien se necesita práctica.
b. Dejó las persianas bajadas _____ (no entrar) el calor.
c. Nos encerramos juntos _____ (preparar) el examen de español.
d. Hay que reformar el mercado laboral _____ (haber) trabajo para todos.
e. Te indicaré el camino _____ (no perderte).
f. Te dejo mi cuchillo _____ (tú, poder) pelar la manzana.
g. Se entrevistó con el jefe _____ (solicitar) un ascenso.
h. Todos tenemos que colaborar _____ (estar) más limpia la casa.
i. Salió del trabajo _____ (comer) en una cafetería.
j. Nos hemos reunido a las seis _____ (ir) juntos a la conferencia.
k. _____ algo _____ (gustarme) tiene que ser muy bueno.
l. He puesto la radio _____ (tú, escuchar) las últimas noticias.
m. Te voy a presentar a una amiga mía _____ (tú, salir) con ella.
n. Lo llamaré _____ (él, venir) con nosotros.
o. Nos han avisado _____ (nosotros, no acudir) esta tarde a la cita.

Workout 121: a. hay/haya b. pudo c. hubiera d. habría e. vendrá/viene f. estuviera
g. hubiera h. dieran i. viviera j. habría k. llueva l. haya m. hubiera n. digas o. quiera

Workout 120: a. Para escribir b. para que no entrara c. para preparar d. para que haya
e. para que no te pierdas f. para que puedas g. para solicitar h. para que esté i. para comer
j. para ir k. Para que ... me guste l. para que escuches m. para que salgas n. para que venga
o. para que no acudamos

121. ORACIONES CONCESIVAS Insert the appropriate verb form.

a. Aunque _ _ _ _ _ (haber) niebla, el avión podrá aterrizar.

b. Aunque había niebla, el avión _ _ _ _ _ (poder) aterrizar.

c. Aunque _ _ _ _ _ (haber) niebla, el avión podría aterrizar.

d. Aunque hubiera habido niebla, el avión _ _ _ _ _ (haber) podido aterrizar.

e. Aunque esté (él) enfermo, _ _ _ _ _ (venir) a la reunión.

f. Aunque _ _ _ _ _ (él, estar) enfermo, vendría a la reunión.

g. Aunque él _ _ _ _ _ (haber) estado enfermo, habría venido a la reunión.

h. Aunque me _ _ _ _ _ (ellos, dar) un millón de dólares, no lo haría yo.

i. Aunque _ _ _ _ _ (vivir) cerca, llegaría siempre tarde.

j. Aunque hubiera vivido cerca, _ _ _ _ _ (haber) llegado siempre tarde.

k. Aunque _ _ _ _ _ (llover), saldremos.

l. Aunque _ _ _ _ _ (haber) actuado muy bien, no vuelven a contratarlo.

m. Aunque me _ _ _ _ _ (haber) saludado, no lo habría reconocido.

n. Aunque se lo _ _ _ _ _ (tú, decir) cien veces, nunca hace caso.

o. Tengo que ir aunque no _ _ _ _ _ (querer).

122. ORACIONES CONCESIVAS Insert the verb in the correct form and mood.

a. Aunque (ser) _ _ _ _ _ _ Nochebuena, tenemos que arrestarlo.

b. Aunque (enterarse) _ _ _ _ _ _ de lo ocurrido, no vendrá.

c. Aunque lo (saber) _ _ _ _ _ _ no nos lo diría.

d. Aunque (ella, salir) _ _ _ _ _ _ temprano de su casa, nunca llega puntual.

e. Tiene que ir aunque no (Ud., querer) _ _ _ _ _ _.

f. Aunque me (ellos, obligar) _ _ _ _ _ _, no hablaré.

g. Tenía un apartamento pequeño y oscuro, aunque (ser) _ _ _ _ _ _ muy acogedor.

h. Aunque (yo, salir) _ _ _ _ _ _ a veces con él, no dice que yo sea su pareja.

i. Aunque (leer) _ _ _ _ _ _ mucho, tiene faltas de ortografía.

j. Aunque (él, llegar) _ _ _ _ _ _ tarde, tendremos tiempo para hablar.

k. Aunque (tú, ir) _ _ _ _ _ pronto a comprar los billetes, ya no habrá plazas.

l. Aunque (él, trabajar) _ _ _ _ _ _ mucho en el proyecto, no podrá realizarlo.

m. Aunque (hacer) _ _ _ _ _ _ mal tiempo, vamos.

n. Por mucho que me lo (tú, enseñar) _ _ _ _ _ _, no lo comprendo.

o. Aunque (ser) _ _ _ _ _ _ español, nunca he ido a los toros.

Workout 123: a. sean b. vivan c. comas d. sea e. portes f. parezca g. haya h. tengas
i. vengas j. estés k. te diga l. tengas m. llegues n. sea o. emplees

123. ORACIONES CONCESIVAS Write the subjunctive verb form.

a. Por listos que (ser) _ _ _ _ _ _, no me engañarán.
b. Por lejos que (vivir) _ _ _ _ _ _, los encontraré.
c. Por poco que (comer) _ _ _ _ _ _, engordarás.
d. Por muy listo que (ser) _ _ _ _ _ _, siempre podrá cometer algún error.
e. Por muy bien que te (portar) _ _ _ _ _ _, no te lo agradecerán.
f. Por increíble que (parecer) _ _ _ _ _ _, nadie sabe la noticia.
g. Por mal que se (haber)_ _ _ _ _ _ portado Paco, no puedes dejar de hablarle.
h. Por mucho trabajo que (tener) _ _ _ _ _ _, no te debes agobiar.
i. Por tarde que (venir) _ _ _ _ _ _, te esperaré para cenar.
j. Por muy cansado que (estar) _ _ _ _ _ _, tienes que seguir adelante.
k. Por mucho que (él, decirte) _ _ _ _ _ _, no debes hacerle caso.
l. Por mucha razón que (tener) _ _ _ _ _ _, no debes enfadarte de esa forma.
m. Por tarde que (llegar) _ _ _ _ _ _, te esperaremos levantados.
n. Por muy joven que (ella, ser) _ _ _ _ _ _, ya tiene arrugas en la cara.
o. Por más argumentos que (emplear) _ _ _ _ _ _, no me vas a convencer.

124. ORACIONES CONCESIVAS Use an infinitive construction.

a. A pesar de que estoy muy lejos de ti, no te echo de menos.

_____ muy lejos de ti, no te echo de menos.

b. A pesar de que hay una gran diferencia de edad, se llevan muy bien.

_____ una gran diferencia de edad, se llevan muy bien.

c. No te dejaré mis cintas, a pesar de que sé que las necesitas.

No te dejaré mis cintas, _____ que las necesitas.

d. No la ayudó a pesar de que había recibido muchos favores de ella.

No la ayudó _____ muchos favores de ella.

e. A riesgo de que quede como un tonto, voy a decirle que la necesito.

_____ como un tonto, voy a decirle que la necesito.

f. A riesgo de que tenga que dejar mi cargo, no puedo seguir por ese camino.

_____ que dejar mi cargo, no puedo seguir por ese camino.

g. A pesar de que tenía todo, no lo apreciaba.

_____ todo, no lo apreciaba.

Workout 125: a. A pesar de comer   b. -   c. a riesgo de no conseguir   d. -   e. -
f. A pesar de haber llegado   g. -   h. A pesar de estar   i. A pesar de estar   j. -
k. Pese a quedarnos   l. -   m. -   n. A pesar de ser   o. -

125. ORACIONES CONCESIVAS Where is an infinitive construction possible?

a. A pesar de que coma/_ _ _ _ _ _ _ _ _ _ mucho, no engorda.

b. A pesar de que hacía/_ _ _ _ _ _ _ un día precioso, nos metimos en el cine.

c. Tengo que intentarlo a riesgo de que no consiga/_ _ _ _ _ _ _ _ _ nada.

d. A riesgo de que se rían/_ _ _ _ de nosotros, tenemos que cantar en público.

e. Saldremos a pesar de que hace/_ _ _ _ _ _ _ _ _ _ frío.

f. A pesar de que haya llegado/_ _ _ _ _ _ _ _ _ _ _ tarde, pudo entrar.

g. A pesar de que no te haya felicitado/_ _ _ _ _ _, no debes incomodarte con él.

h. A pesar de que estoy/_ _ _ _ _ _ _ _ _ muy lejos de ti, no te echo de menos.

i. Pese a que está/_ _ _ _ _ _ _ _ _ _ muy enfermo, sigue trabajando.

j. A pesar de que hay/_ _ _ _ _ _ _ _ crisis, la gente se ha propuesto ser feliz.

k. Pese a que nos quedamos/_ _ _ _ _ _ sin bebidas, seguimos celebrando la fiesta.

l. A pesar de que no dijo/_ _ _ _ _ _ _ ni una palabra, se notaba que estaba molesto.

m. A pesar de que tenía/_ _ _ _ _ mala fama, la bodega estaba siempre llena.

n. A pesar de que sea/_ _ _ _ _ _ _ _ _ _ el primero, no es el más inteligente.

o. A pesar de que él es/_ _ _ _ _ _ _ _ _ el primero, los otros no lo envidian.

126. ORACIONES CAUSALES Make one sentence from two.

a. *Tenía mucho trabajo. No pudo atendernos debidamente.*

_ _ _ _ _ _ _ _ _ _ _ _ _ _ _ *no pudo atendernos debidamente.*

b. *Lloró muchísimo. Se le pusieron los ojos rojos.*

_ _ _ _ _ _ _ _ _ _ _ _ _ _ *se le pusieron los ojos rojos.*

c. *Corrió muchos kilómetros. Terminó agotado.*

_ _ _ _ _ _ _ _ _ _ _ _ _ _ *terminó agotado.*

d. *Bebieron mucho vino. Todos terminaron borrachos.*

_ _ _ _ _ _ _ _ _ _ _ _ _ _ *todos terminaron borrachos.*

e. *Nos regaló muchísimas cosas. Quedamos encantados.*

_ _ _ _ _ _ _ _ _ _ _ _ _ _ *quedamos encantados.*

f. *Sudó muchísimo. Se quedó deshidratado.*

_ _ _ _ _ _ _ _ _ _ _ _ _ _ *se quedó deshidratado.*

g. *No pudimos salir en todo el día de casa. Había muchísimo frío.*

No pudimos salir en todo el día de casa _ _ _ _ _ _ _ _ _ _ _ _ _ _ _.

Workout 127: a. hasta ser b. hasta que esté c. hasta que acabes d. Hasta que no vengas
e. hasta conseguir f. hasta que venga g. hasta que volvieras h. hasta que te decidas
i. hasta que me lo den j. hasta hartarse k. hasta emborracharnos l. hasta no tener listo
m. hasta que me atiendas n. Hasta que haya venido/venga o. Hasta que sepa

127. ¿HASTA QUE O HASTA + INFINITIVO? Choose the correct form.

a. Tendrás que crecer mucho _ _ _ _ _ _ (ser) como yo.
b. Faltan muchas cosas que hacer _ _ _ _ _ _ (estar) acabada la casa.
c. No saldrás _ _ _ _ _ _ (tú, acabar) el trabajo.
d. _ _ _ _ _ _ (tú, no venir), no me moveré de casa.
e. No descansa _ _ _ _ _ _ (él, conseguir) lo que quiere.
f. Esperaré _ _ _ _ _ _ (venir) Juan.
g. Me gustaría esperarte _ _ _ _ _ _ (tú, volver).
h. Insistiré _ _ _ _ _ _ (tú, decidirte).
i. No pararé _ _ _ _ _ _ (ellos, dármelo).
j. Diego come _ _ _ _ _ _ (él, hartarse).
k. Aquella noche bebimos _ _ _ _ _ _ (emborracharnos).
l. No se mueve de aquí _ _ _ _ _ _ (no tener listo) el trabajo.
m. No me iré _ _ _ _ _ _ (tú, atenderme).
n. _ _ _ _ _ _ (él, venir), no podremos estar tranquilos.
o. _ _ _ _ _ _ (yo, saber) lo que pasa, no tomaré una decisión.

128. ¿INDICATIVO O SUBJUNTIVO? Choose the correct form.

a, Hasta que _ _ _ _ _ _ (poder) volver a su casa sin peligro, vivirán aquí.

b, Si me _ _ _ _ _ _ (llamar) por teléfono, dile que no estoy.

c, En caso de que _ _ _ _ _ _ (llover) esta tarde, no salgo.

d, Actúa como si _ _ _ _ _ _ (tú, ser) rico.

e, Hasta que no _ _ _ _ _ _ (saber) lo ocurrido, no se atrevió a intervenir.

f, Hasta que no _ _ _ _ _ _ (tú, venir), no me moveré de casa.

g, Cuando _ _ _ _ _ _ (ir) de compras, me gastaré mucho dinero.

h, Cuando _ _ _ _ _ _ (hacer) gimnasia, estaba en plena forma.

i, Esperé hasta que _ _ _ _ _ _ (venir) Juan.

j, Cuando _ _ _ _ _ _ (llegar), habrá alguien esperándote.

k, Siempre que _ _ _ _ _ _ (estudiar), me duele la cabeza.

l, Siempre que _ _ _ _ _ _ (cruzar) la calle, ten cuidado.

m, Cada vez que te _ _ _ _ _ _ (pedir) dinero, niégaselo.

n, Cada vez que le _ _ _ _ _ (contar) mis problemas en el trabajo, se burla de mí.

o, Siempre que _ _ _ _ _ _ (tú, necesitar) ayuda, cuenta conmigo.

Workout 129: a. 3 b. 4 c. 6 d. 5 e. 7 f. 2 g. 1

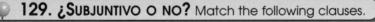

Workout 128: a. puedan b. llama c. llueva d. fueras e. supo f. vengas g. vaya
h. hacía i. vino j. llegues k. estudio l. cruces m. pida n. cuento o. necesites

129. ¿SUBJUNTIVO O NO? Match the following clauses.

a. Cada vez que venga a visitarnos,

b. Siempre que viaja en avión,

c. Cada vez que habla de política con su amigo,

d. Siempre que escribe,

e. Cuando terminé de leer la novela,

f. Cuando vaya al mercado,

g. Siempre que tengas problemas,

1. ... te ayudaré a resolverlos.

2. ... compraré fruta y verdura.

3. ... será bien recibido.

4. ... siente miedo.

5. ... me manda una foto de sus hijos.

6. ... terminan enfadándose.

7. ... comprendí mejor las ideas del autor.

130. ¡EL SUBJUNTIVO! Use the subjunctive.

a. *Lo detesto. ¡Nunca lo (hacer)!*

b. *Todo me ha ido mal. ¡Jamás (venir) a este país!*

c. *¡Que (volver) ustedes con bien!*

d. *¡Ojalá (nevar) esta noche en el monte!*

e. *Hasta el lunes. ¡Que (Uds., tener) buen fin de semana!*

f. *¡Si me (atrever) a decírtelo anoche!*

g. *Él me ha hecho mucho daño. ¡Nunca lo (conocer)!*

h. *¡Ojalá que (acertar) en tu matrimonio!*

i. *¡Que Dios le (bendecir)!*

j. *¡Quién (poder) pasar las próximas vacaciones aquí!*

k. *¡Ojalá no nos (llover) mañana para la excursión!*

l. *¡Así le (partir) un rayo!*

m. *¡Nunca (ver) a tu hijo en la cárcel!*

n. *Todas las oraciones acaban con ¡Así (ser)!*

o. *¡Así se (secar) todos los campos de Castilla!*

Workout 131: a. caiga, es b. haya herido, sangré/sangro c. sepa, tiene d. dejes/dejaras
e. salgan f. portara g. cayó h. haya i. casas j. ocurriera k. compraste/has comprado
l. habías visitado, hubieras visitado m. hagan n. seas o. dudó

Workout 130: a. hubiera hecho/hiciera b. hubiera venido/viniera c. vuelvan
d. nieve e. tengan f. hubiera atrevido g. hubiera conocido/conociera
h. aciertes i. bendiga j. pudiera k. llueva l. parta m. veas n. sea o. sequen/secaran

131. ¿INDICATIVO O SUBJUNTIVO? Insert the correct verb form.

a. No es que me (caer) _ _ _ _ _ mal él; es que (ser) _ _ _ _ _ tonto.

b. No es que me (herir) _ _ _ _ _ yo; es que (sangrar) _ _ _ _ _ de la nariz.

c. No es que el chico no lo (saber) _ _ _ _; es que (tener) _ _ _ _ mala memoria.

d. Está bien que tú (dejar) _ _ _ _ _ el recado en la portería.

e. Es de su responsabilidad que los aviones (salir) _ _ _ _ _ a tiempo.

f. No era de su gusto que el chico se (portar) _ _ _ _ _ tan mal.

g. Sucedió que la torre se (caer) _ _ _ _ _ anoche.

h. Puede que (haber) _ _ _ _ _ tormenta esta tarde.

i. He oído que te (casar) _ _ _ _ _ en mayo próximo.

j. Nadie ha sospechado que (ocurrir) _ _ _ _ _ ese accidente.

k. Veo que te (comprar) _ _ _ _ _ un coche nuevo.

l. Sabía que tú (visitar) _ _ _ Madrid; pero no sabía que (visitar) _ _ _ _ _ París.

m. Hemos pensado que lo (hacer) _ _ _ _ _ ustedes. Es mejor.

n. No entiendo que (ser) _ _ _ _ _ tan tonto como eres.

o. Respondió que nunca lo (dudar) _ _ _ _ _.

132. PONER EN INFINITIVO Complete with an infinitive construction.

a. Después que perdamos el honor, no nos haremos el harakiri.

_ _ _ _ _ _ _ _ _ _ _ _ _ _ _ el honor, no nos haremos el harakiri.

b. A riesgo de que los cogieran, cruzaron la frontera.

_ _ _ _ _ _ _ _ _ _ _ _ _ _ cruzaron la frontera.

c. Vengo para que pueda darte un abrazo.

Vengo _ _ _ _ _ _ _ _ _ _ _ _ _ _ _ darte un abrazo.

d. Pese a que había niebla, condujo toda la noche.

_ _ _ _ _ _ _ _ _ _ _ _ _ _ niebla, condujo toda la noche.

e. Antes que se lo dijéramos, lo había adivinado.

_ _ _ _ _ _ _ _ _ _ _ _ _ _ _, lo había adivinado.

f. Se quedó en la cama porque tenía gripe.

Se quedó en la cama _ _ _ _ _ _ _ _ _ _ _ _ _ _ _ gripe.

g. A pesar de que sabía el peligro, se aventuró.

_ _ _ _ _ _ _ _ _ _ _ _ _ _ el peligro, se aventuró.

Workout 133: a. puede b. podría c. podía d. iba a llevar e. iba a traer f. espere
g. han comprado h. había comprado

133. ¿EL ESTILO INDIRECTO? Choose the correct form of indirect speech.

a. *Puede llevarle,* (ha dicho Antonio).

   Antonio ha dicho que **puede/podía** llevarme.

b. *Podré llevarle a la ciudad,* (dice la madre).

   La madre dice que **podría/pudo** llevarle a la ciudad.

c. *Puedo acompañarla a casa,* (dijo Ramón).

   Ramón dijo que **puede/podía** acompañarla a casa.

d. *Os voy a llevar a la discoteca,* (dijo el padre).

   El padre dijo que nos **iba a llevar/va a llevar** a la discoteca.

e. *¿Los ibas a traer?,* (preguntó la madre al padre).

   La madre le preguntó al padre si nos **va a traer/iba a traer**.

f. *¡Espérame!,* (dice Matilde).

   Matilde dice que la **espere/esperé**.

g. *Hemos comprado un coche,* (dicen Carmen y Carola).

   Carmen y Carola dicen que **compraran/han comprado** un coche.

h. *Me compré también un coche,* (dijo Raúl).

   Raúl dijo que él también se **compró/había comprado** un coche.

134. EL ESTILO INDIRECTO Select the sentence with the correct indirect speech.

a. *Raúl says that he doesn't know.*
1. ◯ Raúl dice que no lo sabe.
2. ◯ Raúl dice que no lo sepa.
3. ◯ Raúl dice que no lo sabía.

b. *I replied that he was right.*
1. ◯ Contesté que tiene razón.
2. ◯ Contesté que tenga razón.
3. ◯ Contesté que tenía razón.

c. *Elena said she felt fine.*
1. ◯ Elena dijo que se siente bien.
2. ◯ Elena dijo que se sentía bien.
3. ◯ Elena dijo que se sienta bien.

d. *He has demanded that I study more.*
1. ◯ Ha exigido que estudie más.
2. ◯ Ha exigido que estudiaba más.
3. ◯ Ha exigido que estudia más.

e. *She says she is coming at two.*
1. ◯ Dice que iba a llegar a las dos.
2. ◯ Dice que vaya a llegar a las dos.
3. ◯ Dice que va a llegar a las dos.

f. *He is complaining he cannot work.*
1. ◯ Se queja de que no pueda trabajar.
2. ◯ Se queja de que no puede trabajar.
3. ◯ Se queja de que no pudo trabajar.

Workout 135: a. Martín dice que va a llegar a las siete. b. Elena contesta que está enferma. c. Eladio dijo que todavía no se había fijado una fecha exacta. d. Un portavoz dijo que el dique había resistido. e. El padre gritó que no hay quien lo resistiera. f. El médico confirma que el hombre está herido. g. La madre respondió que Ramón tenía razón.

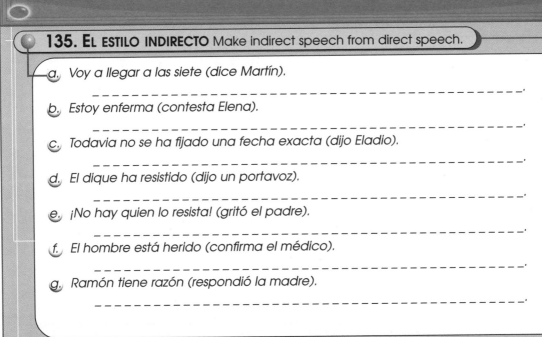

135. EL ESTILO INDIRECTO Make indirect speech from direct speech.

a. *Voy a llegar a las siete (dice Martín).*

_____.

b. *Estoy enferma (contesta Elena).*

_____.

c. *Todavía no se ha fijado una fecha exacta (dijo Eladio).*

_____.

d. *El dique ha resistido (dijo un portavoz).*

_____.

e. *¡No hay quien lo resista! (gritó el padre).*

_____.

f. *El hombre está herido (confirma el médico).*

_____.

g. *Ramón tiene razón (respondió la madre).*

_____.

136. EL ESTILO INDIRECTO Translate and turn into indirect speech.

a. The party has won (said the spokesperson).

_____.

b. You will earn a lot of money if you have the desire to work (promises my father).

_____.

c. People are always complaining (responds my brother).

_____.

d. The rescuer is a hero (said the paper).

_____.

e. Real Madrid has not won again (El País reports).

_____.

f. I am innocent (Rodolfo affirms).

_____.

g. You all must finish the work today (the boss demands).

_____.

h. My brother is coming (said Dolores).

_____.

Workout 137: a. Félix confiesa que ha falsificado el cuadro. b. Carola notaba que había gato encerrado. c. Rodrigo sabe que se le ha escapado algo. d. Tomás no duda que lo dice en serio. e. Cristina dice que está ocupado. f. El hombre piensa que resulta/es fácil para una mujer. g. Los abuelos siempre decían que los tiempos habían cambiado. h. Temo que no la entienda.

Workout 136: a. El portavoz dijo que el partido había ganado. b. Mi padre me promete que podré ganar mucho dinero si tengo ganas de trabajar. c. Mi hermano responde que la gente se queja siempre. d. El periódico dijo que el salvador era un héroe. e. El País relata que Real Madrid otra vez no ha ganado. f. Rodolfo afirma que es inocente. g. El jefe exige que terminemos hoy el trabajo. h. Dolores dijo que su hermano venía.

137. EL ESTILO INDIRECTO Translate the indirect speech into Spanish.

a. Félix confesses that he has forged the picture.

_____,

b. Carola noted that there was something fishy.

_____,

c. Rodrigo knows that something has escaped him.

_____,

d. Tomás doesn't doubt that she says it seriously.

_____,

e. Cristina says that he is busy.

_____,

f. The man thinks that it is easy for a woman.

_____,

g. The grandparents always said that the times have changed.

_____,

h. I fear that he doesn't understand her.

_____,

138. EL ESTILO INDIRECTO Indicate the correct form of indirect speech.

a. Rodrigo said that he had lived in Canada for two years.

Rodrigo contó que **había vivido/haya vivido** dos años en Canada.

b. Teresa says that she agrees with everything.

Teresa dice que **estaba/está** de acuerdo con todo.

c. Teodoro added that he also agreed.

Teodoro añadió que él también **esté/estaba** de acuerdo.

d. Elena believed that she would have to reconsider it.

Elena creyó que **tendría que/tenía que** reconsiderarlo.

e. Only Francisco denies that he agrees with everything.

Sólo Francisco niega que **está/estaría** de acuerdo con todo.

f. So, they decide that they will not sign the contract.

Pues, resuelven que no **suscribirán/suscriben** el contrato.

g. Wilfredo told us that he would go to Salamanca for three months.

Wilfredo nos contó que **iba/iría** a Salamanca por tres meses.

h. Your wife will tell you not to smoke.

Tu esposa te dirá que no **fumes/fumabas**.

Workout 139: a. puede b. podría c. podía d. iba a llevar e. iba a traer f. espere
g. ha comprado h. había comprado i. compró j. esperara k. presto l. hacía
m. compraré n. apruebo o. estimo

139. ¿EL ESTILO INDIRECTO? Choose the correct verb form.

a. Samuel ha dicho que **puede/podía** cuidar a los niños.

b. La vecina dijo que **podría/pudo** cuidarlos también.

c. El policía dijo que **puede/podía** pasar por la casa.

d. El abuelo dijo que nos **iba a llevar/va a llevar** al aeropuerto.

e. El nieto le preguntó al abuelo si les **va a traer/iba a traer**.

f. Estela pide que la **espere/esperé** en el consultorio.

g. Mónica dice que **comprara/ha comprado** una motocicleta.

h. Diego dijo que él también **compró/había comprado** una moto.

i. Carmen ha dicho que la **compró/comprarás** ayer.

j. Sandra dijo que la **espere/esperara** ahí.

k. Mi amigo me pregunta si le **presto/prestara** mi coche.

l. Cristina le preguntó si él se lo **hacía/hace**.

m. Pienso que me **compraba/compraré** la computadora.

n. Me pregunto si **apruebo/aprobaba** el examen.

o. He dicho que ahora lo **estimo/estimaba** oportuno.

140. EL ESTILO INDIRECTO Translate into indirect speech.

a. Dolores ha dicho que lo _ _ _ _ _ _ _ (she bought) ayer.

b. He dicho que me lo _ _ _ _ _ _ _ (I will buy) mañana.

c. Teresa concedió que no lo _ _ _ _ _ _ _ (she would buy).

d. Sandra dijo que la _ _ _ _ _ _ _ (he should wait) ahí.

e. Nos dijeron que los _ _ _ _ _ _ _ (you (pl.) should wait) a Féix y Ramón.

f. Dijeron que _ _ _ _ _ _ _ (they would come again).

g. Mi tío me pregunta si le _ _ _ _ _ _ _ (will lend) mi videocámara.

h. Cristina le preguntó si él se lo _ _ _ _ _ _ _ (has done) .

i. Francisco contesta que también lo _ _ _ _ _ _ _ (he has done) para María.

j. Carola contó que _ _ _ _ _ _ _ (she had bought) el libro por diez pesos.

k. Pienso que me _ _ _ _ _ _ _ (I will buy) la computadora.

l. Me pregunto si _ _ _ _ _ _ _ (I pass) el examen.

m. Dicen que sólo el 50% _ _ _ _ _ _ _ (had passed) el examen.

n. He dicho que no lo _ _ _ _ _ _ _ (I consider) oportuno.

o. Raúl dijo que las computadoras ahora _ _ _ _ _ _ _ (were) más baratas.

Workout 140: a. compró b. compraré c. compraría d. esperara e. esperaran
f. vendrían otra vez g. presto h. haría i. ha hecho j. había comprado k. compraré
l. apruebo m. ha aprobado n. estimo/considero o. estaban